太極功集粹

徐德亮敬題

太極功集粹

編 著 者｜吳圖南　章學楷
責任編輯｜胡志華

發 行 人｜蔡森明
出 版 者｜大展出版社有限公司
社　　 址｜臺北市北投區（石牌）致遠一路2段12巷1號
電　　 話｜（02）28236031，28236033，28233123
傳　　 真｜（02）28272069
郵政劃撥｜01669551
網　　 址｜www.dah-jaan.com.tw
E-mail｜service@dah-jaan.com.tw
登 記 證｜局版臺業字第2171號

承 印 者｜傳興印刷有限公司
裝　　 訂｜佳昇興業有限公司
排 版 者｜ERIC視覺設計
授 權 者｜北京科學技術出版社

初版1刷｜2025年1月

定　　 價｜420元

國家圖書館出版品預行編目資料

太極功集粹 / 吳圖南　章學楷 編著
——初版，——臺北市，大展出版社有限公司，2025.01
　　面；21公分—（武學釋典；66）
ISBN　978-986-346-504-1（平裝）
1.CST:太極拳
528.972　　　　　　　　　　　　　113018892

版權所有，不得轉載、複製、翻印，違者必究，
本書若有裝訂錯誤、破損，請寄回本公司更換。

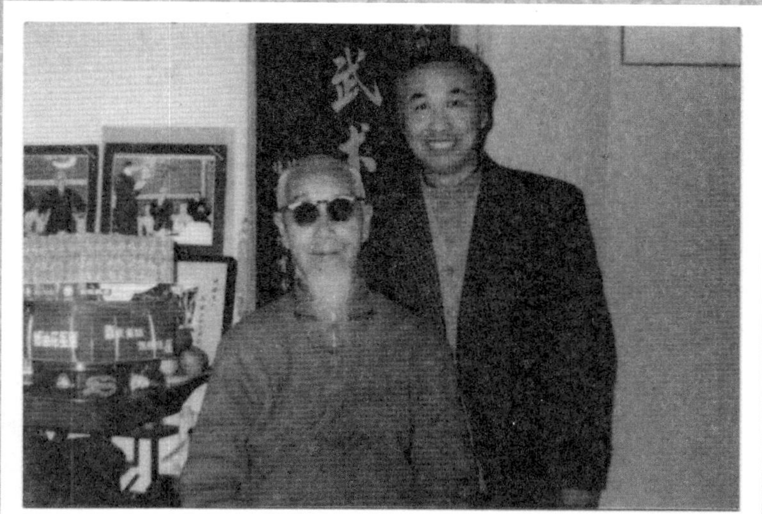

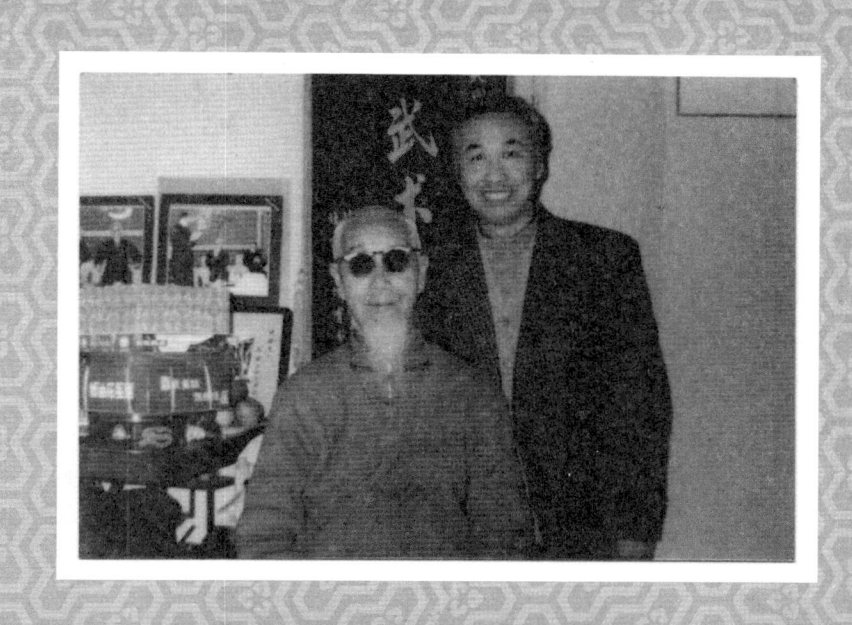

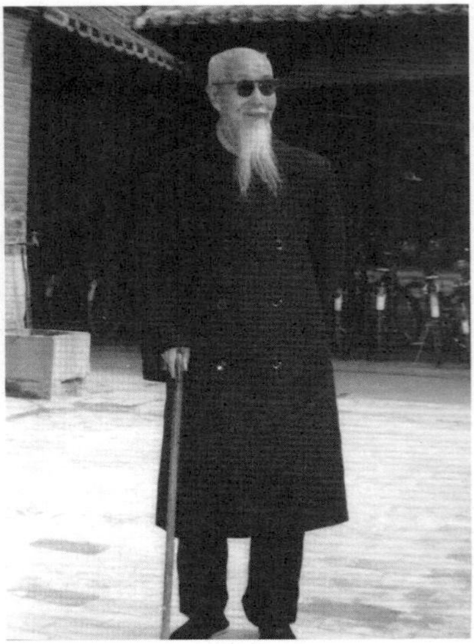
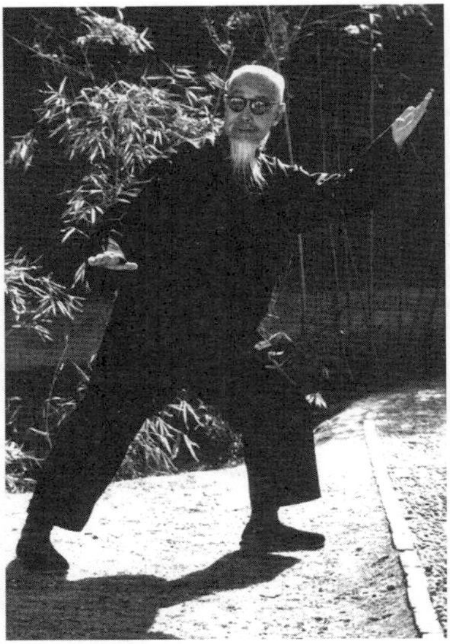
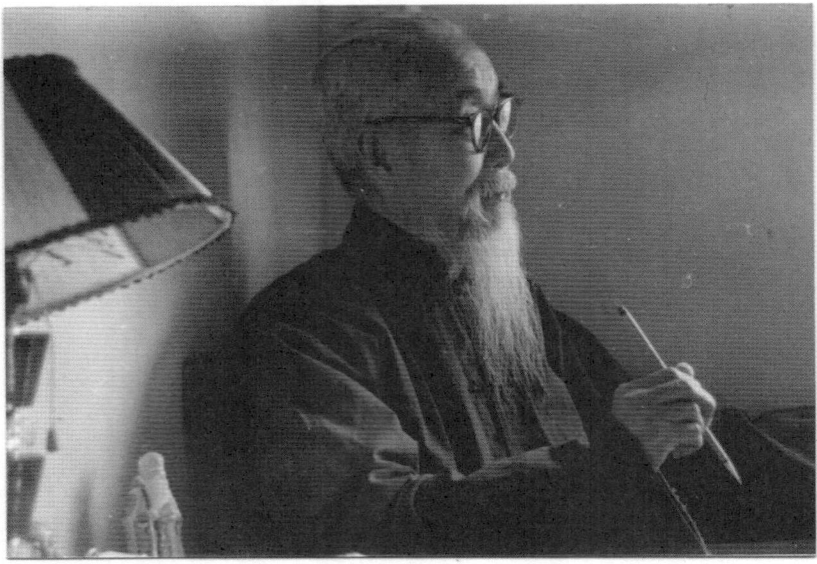

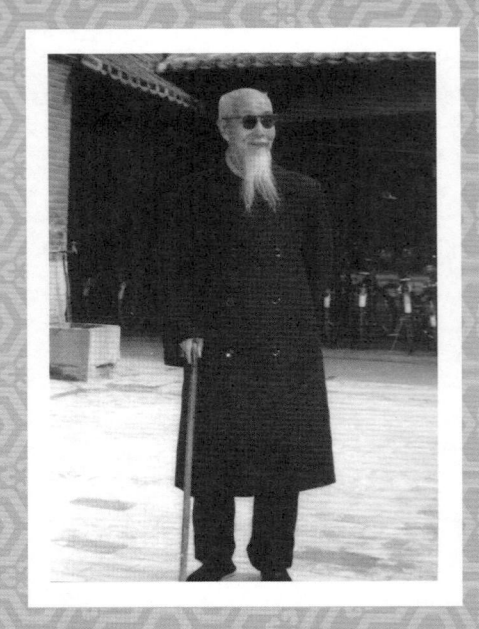

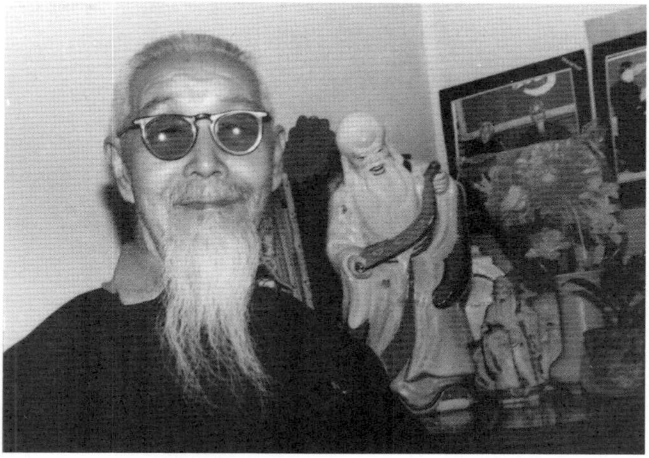

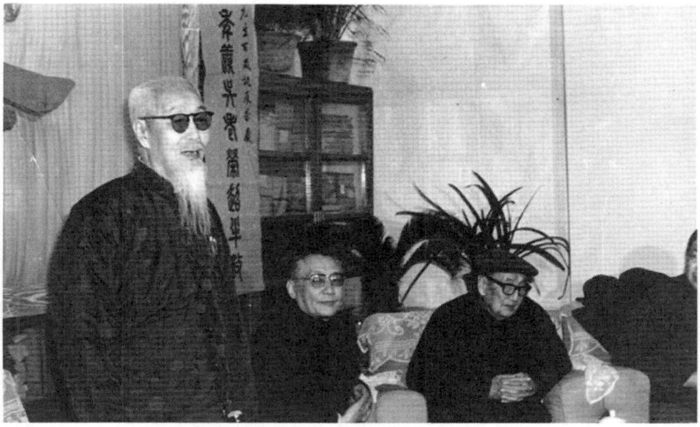

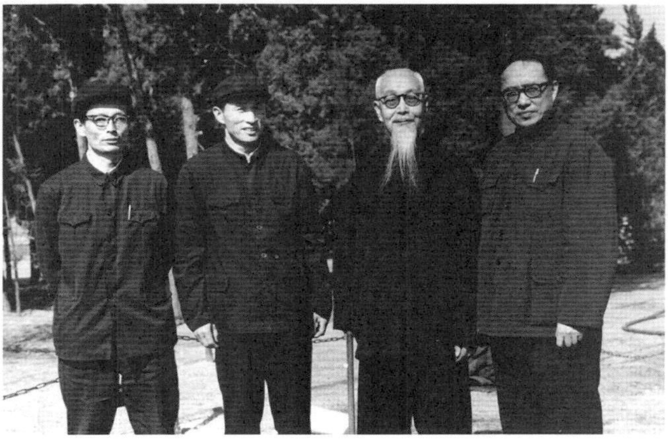

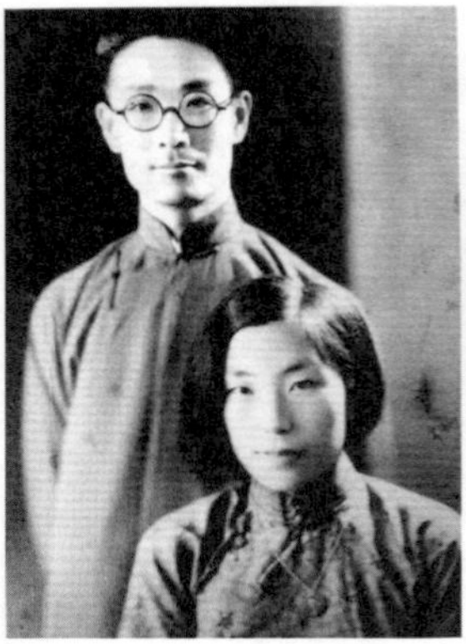

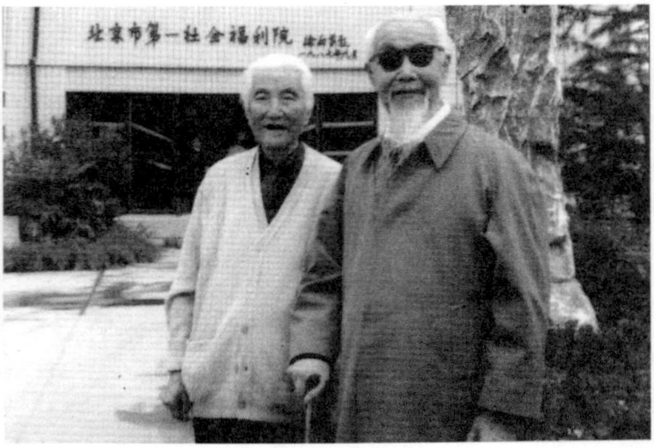
北京市第一社会福利院

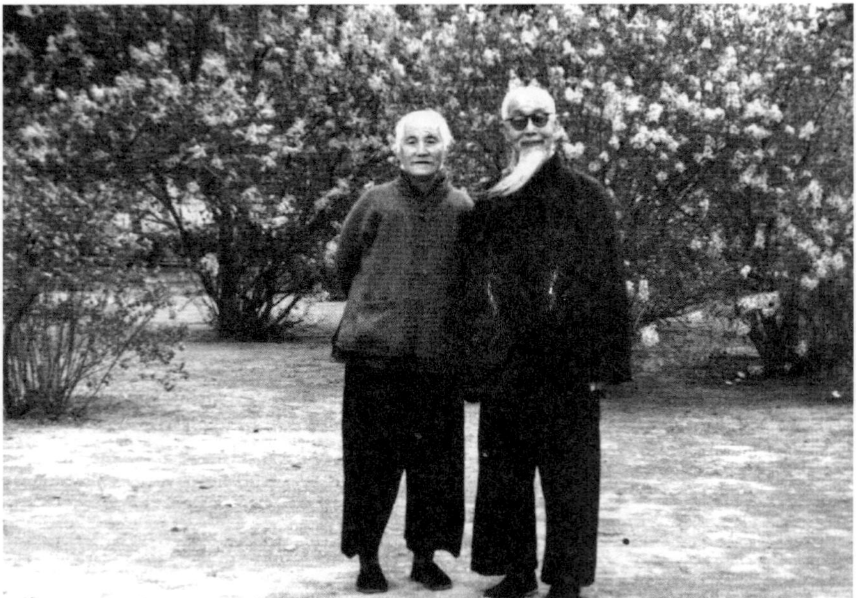

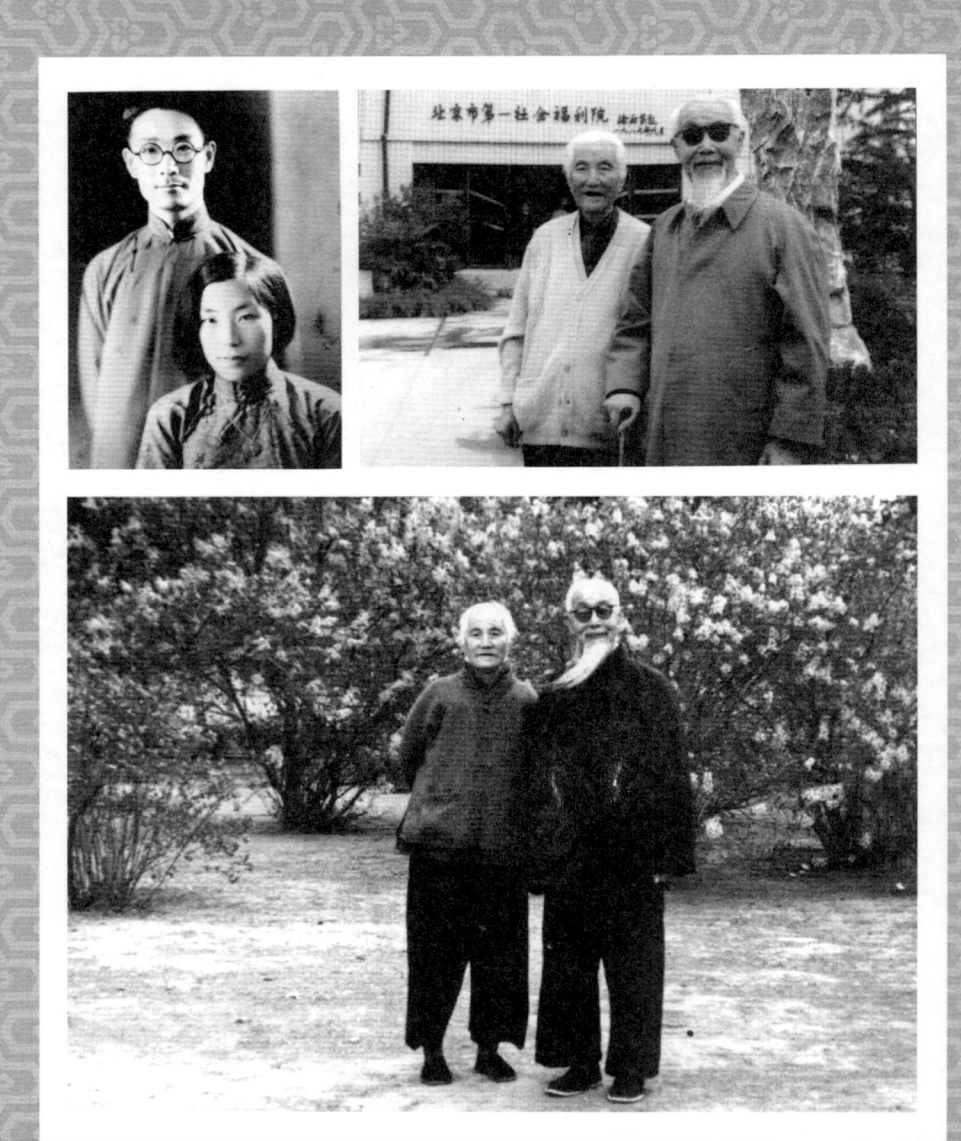

目　錄

前言 ……………………………… 009

吳圖南先生與太極拳 ……………………………… 011

國術與太極拳概論 ……………………………… 025
　《國術概論》自序 ……………………………… 026
　國術之名稱與意義 ……………………………… 028
　太極拳史略 ……………………………… 031
　談太極拳運動 ……………………………… 048
　對當前太極拳運動發展之態度 ……………………………… 051

太極拳 ……………………………… 053
　太極十三勢歌 ……………………………… 054
　太極拳套路順序 ……………………………… 055
　太極拳勢說明 ……………………………… 057
　太極拳打手論 ……………………………… 100
　太極拳打手歌 ……………………………… 102
　太極拳打手法說明 ……………………………… 103

內家拳太極功玄玄刀 ……… 123
總論 ……… 124
各論 ……… 128
結論 ……… 178

太極劍 ……… 181
總論 ……… 182
各論 ……… 185
結論 ……… 254

太極功 ……… 257
太極拳斂聚神氣論 ……… 258
太極功宗氣論 ……… 259
太極拳用架序稿 ……… 266

參考資料 ……… 271

前　言

　　吳圖南先生是我國著名的武術家，尤以太極拳著稱於世，被國內外譽為「太極泰斗」。先生自九歲入拳房，從師吳鑑泉、楊少侯先生學練太極拳達十二年之久，並從此投身於我國的武術事業當中。為了我國武術事業的建設和發展、人們的身體健康，他奉獻出了畢生的精力。

　　如今先生離開我們已有三十多年了，但他那平易近人、慈善祥和的音容笑貌卻深深地印在我們的心中。為了表達對先生的懷念之情，筆者在他生前的著作中，選錄出部分有關太極拳的論述，其中包括吳圖南先生的武學造詣和成就，太極拳運動的意義、鍛鍊方法、拳勢名稱解釋及應用等。尤其是，「太極拳勢說明」中所附的拳勢套路照片，多為吳圖南先生在1974年九十歲高齡時所拍攝，是非常珍貴的資料。

　　為了方便讀者深入研究先生的武學造詣，本書收錄的作品盡量保留原貌，僅根據原文主旨加以分類，必要處補擬標題、訂正錯字、修正標點。

　　吳圖南先生親授太極拳功夫的徒孫李璉先生聽聞此書即將出版，熱心提供了吳先生生前撰寫的《太極拳用架序稿》，以為補充。筆者在此對李先生表示誠摯的謝意！

　　緬懷吳圖南先生，我們要學習他的愛國精神，為了武術事業堅持不懈的精神和實事求是的科學態度。

章學楷
2023年秋

吳圖南先生與太極拳

先舅父吳公圖南先生，蒙古族，博爾濟吉特・烏拉罕氏，名烏拉布，冠漢姓吳，名榮培，字圖南，北京人。自幼入私塾習讀經史，九歲時身染重病，請當時太醫院的李子裕醫治。圖南先生病癒後身體虛弱，李子裕大夫說：「吃藥以祛病，練功以養身。」也就是說，吃藥雖然能治病，但是要使身體健康，必須要經常鍛鍊，建議送圖南先生去練功房。

那時候地方上有各種功房，如寫字繪畫的叫書畫功房，練弓刀石的叫弓刀功房，練拳的叫拳房。家人就送他去了拳房。

拳房的老師是全佑先生，他的兒子鑑泉先生（1870—1942）教圖南先生練太極拳。全佑先生（1834—1902），蒙古族，冠漢姓吳，北京人，曾任端郡王載漪護衛。

全佑先生起初跟楊露蟬先生學練太極拳，後拜在露蟬之子楊班侯先生名下，傳其子愛紳，字鑑泉。鑑泉先生以柔化見長，拳式動作靈巧細膩，沉靜自然，為吳式太極拳的代表性人物。他所練的吳式太極拳與楊澄甫所練的楊式太極拳並駕其驅，是頗具社會影響的兩大主要太極拳流派。

圖南先生跟隨鑑泉老師學拳八年後，經老師介紹，又拜楊少侯先生學習了四年。楊少侯先生（1862—1930）是楊露蟬之三子楊健侯先生（名鑑，號鏡湖，人稱三先生）之長子，是楊澄甫（1883—1936）之大哥。

少侯先生七歲學拳，拳架小而快，善凌空勁。他性情剛

強，教人好出手即發，有班侯之風，學者多不能受，故從學者稀，就這樣，圖南先生前後隨兩位老師學拳十二年。

圖南先生在這十二年中又是怎樣學習太極拳的呢？先生晚年時回憶說：「過去練拳不像現在這樣，一開始就摸魚，那時候練拳是很苦的。一進拳房開始先練抻筋，叫我背靠著樹，兩隻手反向抱著樹幹，把身體扳直。老師在前邊用腳把我的一條腿鈎住，樹上有一個滑輪，滑輪上有一個皮兜兜住我另一條腿的腳後跟，往上拉，再把拉繩拴住，定住不動，逐漸練到腳趾拉到腦門。往後抻筋要把腳心拉貼到後腦勺上。這個罪真夠受的，那時我做夢都害怕它。如此類推，什麼下腰、踢腿、倒立和『鐵板橋』，等等。一年多的時間，腰腿活動開了，筋也抻好了，才開始練拳。」

吳式太極拳的套路中有八十個基本式子，每個式子中包括若干姿勢動作。如「攬雀尾」就分成六個動作，練習時要一個動作、一個動作去練，要一式一定，每一個動作要用六個呼吸的時間，一個拳式要練好幾天。老師不斷地糾正指點，練至達到老師的要求為止，然後再進行下一個拳式的練習。學練太極拳是有一套獨具特色的教學程序和方法的，那就是先耗定式，再練連式，後學小架，最後教推手。

圖南先生曾說：練打手就是推手，「推手」這個名字是傳到上海後改叫的。練打手時先練單推手，兩個人練到誰也別不住誰之後再練雙推手。雙推手由平推開始，而後立推，把這些路子推到純熟後，兩個人的身體逐漸往下矮，邊往下矮邊推，一直到身體能擦著地面去推，如同蛇一般前後左右回旋。實際上聽起來容易，但練起來就難了。

不動步推手練成了，再練動步推手。不動步推手是正的，

叫掤、捋、擠、按，是四個正方。動步推手是斜的，叫採、挒、肘、靠，是四個斜角。這當然不是絕對的，正與斜是相互轉化的。老師教你時，他站在中央，身子一轉，用手一採，你在外圈要隨著緊跑，跑了多少步剛追到頭，他一轉身又回去了，你又得緊跑再追回去，練得滿頭大汗。

後來他研究《易經》才知道，這就是「得其環中不支離」，但這個勁頭是難掌握好的。練上幾年的時間，也就是才練了個大概，這之後再開始練功。

練功首先要練鬆功，這鬆功可難練了，除了頭顱之外，由腳趾、腳腕、膝蓋、腰、兩肩、上臂、小臂、手腕、手指至脖頸的七節頸椎全要鬆開，這麼一練，差不多能把人給練散了。然後再練太極拳的三步功夫。

第一步功夫叫著功。太極拳畢竟是武術，一招一式都是幹什麼用的，怎麼使、怎麼用。二百六十多個動作中的一招一式都得弄熟了，會使了，使用時要知道變化，所以要進一步下工夫去研究變化。

第二步功夫叫勁功。什麼是勁功呢？因為不尚著力，都是柔柔韌韌的，但這裡邊東西很多。等把勁功練完了，往下再練更難了。

第三步功夫叫氣功。圖南先生說：「我說的氣功不是外邊練的氣功，我說的是太極拳裡邊的氣功。它的練法可分兩部分，一部分是運氣，運氣就是把氣運到周身，想叫它到哪裡它就到哪裡。周身內外由五臟六腑到四肢百骸，無一處不能運氣，身體也無一處不能打人。如果你不信可以試試，我用手指指你手心，你會感覺有氣的。你也可以隨便按我，往哪裡按我，我哪裡就會打你。另一部分是使氣。既然能做到運氣了，能使氣出

於你的身體之外，而又能到達對方的身體上去，然後使你的氣跟對方的氣溝通，兩個人變成一個人，這個時候，氣就可以運用自如了。你想叫他跪下他就跪下，你想叫他躺下他就躺下，他這個人就受你控制了。這個功夫很不好練，我前後練了十二年，十二年時間很長了。」

後來吳鑑泉先生又介紹圖南先生跟楊少侯先生學拳。這位老師很厲害，連摔帶打，跟他學拳，他一伸手，圖南先生就來個後仰，又一下把圖南先生撞到牆上去。

圖南先生家那時住的房子很大，有六扇風門，晚上要上門閂，門的兩旁各有一個鐵套環釘在柱子上，上門栓時把木栓橫插進去。他印象最深的一次是，老師一撒手，他後腰正撞到門栓的鐵環上，疼痛難忍。

老師說：「怎麼啦！沒志氣。」他連忙說：「有志氣、有志氣！」和老師學拳就得預備著摔打。

練功時老師怕他偷懶，把四張油桌擺在一起，叫他鑽到油桌底下去練，如同練太極拳著功裡的「七寸靠」，它是個矮式，就是用自己的肩膀去靠對方小腿的外踝上七寸之處。

圖南先生說：「差不多的老人都知道我那時受的許多罪。總之要把太極拳練好，除了要有真傳外，你必須要有萬夫不當之勇氣，要有百折不回的毅力，否則必然功敗垂成。」

圖南先生在十五歲時入京師大學堂讀書，學習藝科、文科。京師大學堂是中國近代最早的大學，北京大學的前身，建立於清光緒二十四年（1898）。楊少侯先生也曾在京師大學堂執教。圖南先生畢業後又入醫學實業館學習醫學，求學數年期間，太極拳的習練從未間斷過。

由於時代的變遷，他為了生活以教書為業，哪裡邀請就

到哪裡去教書，執教過的學校有中法國立工學院（現上海理工大學）、國立中央大學（現南京大學）、西北聯大、西北工學院（現西北工業大學）、國立西北聯大法商學院、西北師範大學體育系等。

為了弄清太極拳的源流與發展，圖南先生在教書的同時走遍了中國很多地方，調查取證，足涉陝西省的西安、寶雞、秦嶺，湖北省的武當山，河南省的嵩山少林寺、溫縣陳家溝，山西省的太原等地。先生曾查閱了大量史料文獻，抱著實事求是的態度，以不冤枉古人、不欺騙今人、不欺騙後世的原則，客觀地把歷史的真相記錄下來。

先生說：「張三豐所練的太極拳，往上溯源，跟唐代許宣平的三十七式大致相同，僅次序上有所顛倒。後來張三豐加上七個腿法，成了所謂張三豐發明太極拳的由來了。其實太極拳源遠流長，張三豐只不過是集大成的一代宗師。總之南北朝之程靈洗，唐之許宣平、李道子、胡鏡子，元之張三豐，明之王宗岳，清之蔣發、陳長興、楊露蟬等，對太極拳都有承上啟下、繼往開來之功，都有發明創造，我們說他們是太極拳的宗師或祖師又有什麼不妥呢？」

圖南先生對我國武術事業的提倡和發展用盡了畢生的心血，他說：「提倡國術之要旨，在能喚起民眾，必須外用國術之鍛鍊，內曉仁義以盡其用。忠孝養成天性，報國出於至誠。故外有健康之體，內具高尚之德，窮則獨善其身，達則兼善天下。」

他為了深入探索太極拳的科學原理，用心理學、生理學、物理學和邏輯學等科學方法分析太極拳。他用X射線拍攝自己練太極拳的一式一動，由此判斷姿勢是否符合生理解剖學中的

正常狀態。他認為，骨骼、關節、肌肉這三方面相互配合才能形成一個合理的姿勢。凡是超出或是不符合這三個條件的，對人體結構、運動狀態都不適宜。

他把自己學練的太極拳加以整理，凡是不合適的動作，全都被校正過來，以使每個拳式中正、挺拔、自然、順暢，使傳統的太極拳符合科學的原理。1931年由上海商務印書館出版了圖南先生的論著《科學化的國術太極拳》一書，為人們的健身活動貢獻出一部完好的教材。

中國武術源遠流長、博大精深，各門各派各有所長，圖南先生在研究太極拳的同時，也涉獵多家拳術，包括器械等。先生是蒙古族人，蒙古族人講究摔跤。他少林拳自得家傳，又經吳鑑泉先生介紹拜於通背拳一代名師張秀林先生門下。

日本帝國主義發動了侵華戰爭，全國人民義憤填膺，同仇敵愾，中華兒女血染沙場，奮臂揮刀手刃頑敵。大敵當前，正在上海國立工學院任教的吳圖南先生，系統研究了張三豐等前輩先師的刀法，以實用為目的，編訂了一百零八式太極刀套路，以張三豐的道號「玄玄子」為名，定書名為《內家拳太極玄玄刀》，由上海商務印書館1934年4月出版，9月再版。

他在自序中說道：茲更應對時事之需要，賡續成此《內家拳太極玄玄刀》一書。大聲疾呼，為國民倡。回憶淞滬之役，吾國大刀嘗衝鋒格鬥，破陣殺敵！可見當此科學世界，吾國國術尚能別顯身手。斯編行世，或可為殺敵雪恥，共赴國難之一助！

先生在同年隨之又編著了《太極劍》一書，由上海商務印書館於1935年出版。

1934年秋，位於南京的中央國術館國術體育專科學校成

立，當時武術被稱為國術。圖南先生應邀去南京任教授，講授國術理論和國術教育，科學化、系統化地培育武術方面的人才。他總結數十年來對我國武術的理論、實踐，武術教育和武術建設等方面的研究成果，完成了武術論述《國術概論》，由商務印書館出版發行。

劉亞子先生為該書作序，其中談道：吳君圖南，當今國術大師也。國難發生之後先生以為復興民族，必須喚起民眾，輓救頹風，端賴尚武精神。於是大聲疾呼，不遺餘力。或發於文詞，以資宣傳。或以身作則，循循善導。以故先生足跡所至，備受歡迎。其門徒逐遍海內矣。然皆以義為心，以禮為行，以民族為前提，以救國為目的。先生近著《國術概論》一書，說理詳明、議論中正，能言古人之所未言，能發時人之所未發，誠空前大作也。

抗日戰爭勝利後，圖南先生回到了北京，應邀在北平藝專任教（當時北京叫北平），兼故宮博物院古陶瓷研究鑒定的專門委員，同時行醫，但對武術的倡導、研究和教學始終堅持不懈。

1949年10月1日，毛澤東主席在天安門城樓上莊嚴宣告中華人民共和國成立。在黨和人民政府的關懷下，圖南先生被聘為首都博物館研究員，參加了文物考察工作隊。

1953年，受到國務院總理周恩來的邀請出席了國慶招待會，並擔任中國武術協會會員、北京市武術協會副主席，參加了國家體委（現國家體育總局）領導下的武術研究、整理和武術教材審定工作。

1956年5月，經國家批准，組織一批文物考古學家發掘明十三陵的定陵，即明萬曆皇帝的陵墓，圖南先生有幸參與其中。

1959年，在第一屆全國運動會上，圖南先生擔任太極拳比

賽的裁判長。他瀝盡心血撰寫了《太極拳之研究》《太極拳發展史》《太極拳氣功》等書稿，惜未曾出版就被毀於「文革」之中。

1966年，圖南先生受到了「文革」的衝擊而被抄了家。在非常困難的條件下，他每天堅持到北京天文館的院子中教太極拳，先後慕名而來的從學者數以百計。黨的十一屆三中全會後，黨和政府給圖南先生徹底平反，落實政策、恢復名譽和工作。1978年，北京市文史研究館聘請圖南先生和夫人劉桂貞女士（畫家）為館員，分配給他一套三居室的樓房。圖南先生說：「感謝黨和政府的關懷，現在需要房子的人很多，我們只要兩居就夠了，三居室留給別人吧。」

先生此時已是耄耋之年，但他仍然堅持每天早上六點、晚上九點打太極拳。圖南先生說：「生命在於運動，一個人始終坐在屋子裡不出去活動是不行的。活動的方法很多，許多體育項目都是很好的，但我還是提倡打太極拳。因為太極拳簡單易學，優點很多。首先，它是一種緩慢的運動，練太極拳時排除雜念，周身放鬆去運動，跟休息一樣。其次，太極拳是本乎人生天然優美的發育、順乎先天機能自然的程序，使練者全身得到充分的發展而一生永葆健康。練太極拳能使人無一處不輕靈、無一處不堅韌、無一處不沉著、無一處不順遂，這就是我們鍛鍊的目標。」

他住在九樓，卻時常不乘電梯，徒步上下樓。醫生給他進行了一次體檢，說他的身體和運動員一樣健康。為此，圖南先生被評選為北京市「健康老人」。

先生在談及保持身體健康的經驗時說：「有些人看來格外有精神，另外有些人沒有神氣，這是為什麼呢？下面我談談精、氣和神的問題。精這裡指的不是生理上的精，而是指五穀精微

的精，它是營養周身的東西；氣是指呼吸之氣和氣通周身的氣。這兩種東西融合到一起所產生的光芒就是神。也可以說精和氣是物質，二者結合產生神，要特別注意保存它，不要把神消耗掉。養其根而俟其實，加其膏而希其光。根之茂者其實遂，膏之沃者其光曄。神只有全了，才能照顧你的一身。注意存神是健康長壽的要旨。

「另外要注意的是情緒和休養問題。昔時黃帝問廣成子何道可以長生，廣成子回答說：『務靜務清、勿勞爾形、勿搖爾精、固其宅舍、守其命門，乃可長生。』我想談談『勿搖爾精』的問題。歐陽修說過：『有動乎中，必搖其精。』一個人在那裡胡思亂想，想這個又想那個，今天想升官，明天想發財，這些都是『搖其精』。但是並不是叫一個人不要進取了，進取與妄想是兩件事，『而況思其力之所不及，憂其智之所不能』，你老想做不到的事必然苦惱，所以不要在那些事上兜圈子。孔子很好學，買了隻雁去看老子，老子跟他說：『良賈深藏若虛，君子聖德，容貌若愚。』說，好的商家你進去一看好像沒什麼東西，但是後櫃卻存貨甚豐。說，君子好像很糊塗，其實很聰明。還批評了孔子一頓說：『去子之驕氣與多欲，態色與淫志，是皆無益於子之身也。』說，你丟官回來驕氣還很盛，『吾所以告子，若事而已』，我告訴你的就是這些。這些都是情緒和休養問題。我們的情緒要注意，心情經常保持樂觀，就沒有煩惱了，沒有煩惱，心情舒暢，則百病不生了。」

此時先生覺得有很多事情還等著他去做，希望能夠多活在世上一天，為社會多做些貢獻。他把能夠活到一百歲作為第一個目標，從而研究養生長壽的方法。

圖南先生說：「我想一個人在四五十歲學識正淵博的時候，

忽然間夭折了，不僅是個人損失，也是國家的損失。尤其是現在中國搞四化，要用很多人才，可是有些人沒到歲數就死了，這不是很可惜嗎？另外假如你學識很好，但是身體很弱，不能夠服務於社會，這豈不是很大損失嗎？我所研究的太極拳與長壽學，就是研究如何使人的衰老推遲一下，推遲到什麼程度？就是推遲到盡其天年，到時候你的五臟六腑都不動了，這才算完結。我還有個設想，就是你臨危的前一秒鐘，還要頭腦清醒，四肢百骸還要動轉自如，到時候說完了，就此告別，不要歪鼻子、咧著嘴、半身不遂。這是我的設想，究竟是否如此，我現在還不能答覆。因為我還活著，非到我生命的最後一秒鐘我才能知道。但到了那時候就算我知道，可是恐怕也說不出來了，只有待於將來大家再追憶此事吧。

「由於我提倡長壽學，全國各地都搞起來了，有專寫長壽學的，如天津市創辦了《長壽》雜誌等。目前世界各地都在研究長壽，但他們所研究的長壽，大多局限於能夠看見的東西，而對於心靈美的東西、精神上的東西這些內在看不見的東西，則不如太極拳的鍛鍊所產生的效果好。我認為太極拳這種鍛鍊形式是最完美的、最完善的。」

圖南先生以我國古代醫學中的臟象學說為基礎，結合導引之術、按摩之術和經絡學說，聯繫到太極拳的理論和實踐，總結出鍛鍊身心內外的一整套理論和方法——「內臟修補術」，作為養生長壽的方法之一。

進入20世紀80年代，吳圖南先生仍擔負著很多工作。他是北京市文史研究館館員、中國武術協會會員、北京市武術協會副主席；還應邀去參加國內重要的考古文物等考察工作，「馬王堆漢墓」「秦始皇兵馬俑」等處都有先生的足跡。他應邀在北

京外國語學院（今北京外國語大學）、北京中醫學院（今北京中醫藥大學）等院校及文史館講授長壽學和太極拳。

1984年，由圖南先生口述，他的徒弟馬有清先生筆錄整理，商務印書館香港分館出版了《太極拳之研究》一書。圖南先生在序言中寫道：「近接國內外太極拳愛好者函請再有所著述，以先睹為快。予因工作太忙，故商之予之門生馬有清君，將予數十年來有關養生長壽與太極拳之報告，以及日常所講授之資料，融會貫通，陸續整理，分期出版。」

北京市武術協會原主席李光先生為該書作序，序中談道：

「中國武術已經成為人們增強體質和健美抗衰的重要手段。尤其是中老年人，練習武術太極拳，可以幫助他們祛病延年，達到健康長壽的目的。中國武術太極拳，將在人類生活裡發放出它的光輝異彩。中國著名太極拳家、中國武術協會會員、北京市武術協會副主席吳圖南先生，是中國武術太極拳科學化、實用化的奠基人。吳圖南先生的太極拳造詣極深，是中國當代首位太極拳家，譽滿中國和全世界。吳老先生今年九十八歲高齡，仍然身體健康、耳聰目明、鶴髮童顏、步履輕健，不愧是太極拳的泰斗、武術界之壽星。吳圖南先生對太極拳的精闢論述，可稱是言簡意賅，這本書將對太極拳運動奠定正本清源的作用。」

北京市武術協會原副主席、北京醫學院（今北京大學醫學部）體育教研室主任劉世明教授也在該書中談道：

「吳老先生的太極拳，在基本價值和意義方面我看有兩個。一個在技擊方面，吳老先生在嚴格認真繼承太極拳的基礎上，又總結各家拳術的優點，又用太極拳把它昇華出來。他在推手裡表面上看也是那麼幾個動作，實際上是變化多端，就拿一個

圓圈來說是三百六十度，但是每一度裡面又含有三百六十度，以此類推。從宏觀到微觀，太極拳真正的奧妙就寄寓在這裡邊。吳老先生太極拳技擊，他的凌空勁是負有盛名的。凌空勁就是還沒有接觸到他，他的氣已經到了你身上，你迷迷糊糊就跌倒了。另一方面在保健上，從健身、醫療到長壽學等方面，吳老先生又提高發展了一步。他提倡和研究科學的太極拳，把太極拳的精華用到實際方面去，他在這方面也積累了不少經驗。有個實例，我曾經給吳老先生介紹過一位肝炎病號，經化驗病人的 GPT 顯示已經超出很高。但到了吳老先生那裡，沒到兩個月完全好了。就是跟他練太極拳治好的。當然你也練太極拳，我也練太極拳，從外形上看似乎好像完全一樣。但是吳老先生告訴你的那個太極拳，所產生的效率卻不一樣。太極拳真正的奧妙既要言傳更要身教。真正太極拳的內容現在一般人都不知道，吳老先生談的才是正宗。他毫無保留的做了介紹，是非常重要的，是非常寶貴的。」

1983 年，吳圖南先生為中國書店出版社編審了約百萬字的「中國傳統武術叢書」，影印出版了包括《武術匯宗》《太極拳選編》《國術概論》《形意拳術訣微》《武當拳術秘訣》《形意母拳》《曹氏八卦掌譜》《科學的內功拳》《形意五行拳圖說》《六合彈腿圖說》《教門彈腿圖說》《十路彈腿》《大洪拳》《少林拳術秘訣》《少林正宗練步拳》《六通短打圖說》《通背拳法》《青萍劍》《擒拿法真傳秘訣》《羅漢拳圖影》《石頭拳術秘訣》《昆吾劍》《七星劍》《劍法圖說》《太極拳學》《太極拳》《陳氏太極拳匯宗》《八卦劍學》《拳意述真》《八卦拳學》等若干種圖書。先生在這套叢書的前言中說：

「一九八三年夏，北京中國書店言明擬複製出版『中國傳統

武術叢書』一事。予甚表贊同，因將故有名舊武術書中，選出其理論明確者若干本，擬先後陸續出版，以供全國武術愛好者之參考。予以為此舉對於文化遺產之蒐集、對於人民體質之增強、對於增加工作之能力，應有裨益也，故樂為之介紹。」

1984年2月23日，吳圖南先生實現了他的夙願，迎來了百歲大壽。時任國家體委副主任、中國武術協會主席徐才，國務院民族事務委員會（今國家民族事務委員會）、中共中央統一戰線工作部的領導，北京市副市長孫孚凌等前來為他祝壽，北京市體育運動協會授予他「武術之光」的錦旗。

1984年4月，圖南先生出席了我國舉辦的武漢國際太極拳（劍）表演觀摩大會，並在會上做了拳式和推手等表演。

1985年，出席了中日太極拳交流大會。同年11月16日，在人民大會堂參加了祝賀全國「健康老人」大會，被授予「健康老人」證書。

1987年，出席了第一屆全國武術學術論文研討會。

1988年，吳圖南先生應國內外太極拳愛好者之要求，商之於人民體育出版社，將他的早年出版的太極拳及武術方面等著作重版付印。先生在自序中說：「余自九歲始，即開始學練太極拳，至今將有百年，未曾間斷，故身體精神，仍如壯年，實為練太極拳之功也。」

斯時年已百旬開外的吳圖南先生，仍然是頭腦清晰、思維敏捷、事過不忘，早年所讀之書仍能倒背如流，精神充足、生活自理。他在飲食方面是雞、鴨、魚、肉、蛋、糖等全都不忌，肥肉也吃，想吃什麼就吃什麼。早晨鍛鍊後，喝一碗牛奶，吃兩個雞蛋，中飯和晚飯以肉食為主，糧食和蔬菜吃得少，每天幾乎要吃一斤肉。喝中國品質上乘的白酒，但每次只喝一小盅，

抽關東煙，喝釅茶。

　　圖南先生和他的夫人劉桂貞女士相依為命，互相照顧，對自己的晚年生活十分樂觀。他說：「人到盡其天年之前一秒鐘仍能頭腦清晰、四肢運動自如，有健康之身體，有充足之精神，就更要以此來為社會多做些貢獻。」

　　1989年1月10日，著名武術家，中國武術太極拳科學化、實用化的奠基人，譽滿國內外的太極拳泰斗吳圖南先生在北京逝世，無疾而終，享年一百零五歲。《人民日報》發表了先生逝世的訃告，成立了吳圖南先生治喪辦公室，1989年1月18日上午10時，在八寶山革命公墓隆重地舉行了吳圖南先生遺體告別儀式，骨灰被安葬在北京萬安公墓。

　　圖南先生擁護中國共產黨，熱愛社會主義，關心國家建設事業和人民身體健康。先生性格豁達開朗，氣度高雅，誠信待人，和藹可親，是備受大家尊敬的德高望重的一代武學宗師。

章學楷

國術與太極拳概論

《國術概論》自序[1]

民國十七年（1928），中央舉行國考之後，著者以為國術之本身，缺乏中心理論，與夫相當之整理。於是公餘之暇，一方面從事於理論之著述，一方面致力於分類之整理。前曾先後著成《科學化的國術太極拳》《內家拳太極功玄玄刀》《太極劍》等書，均在上海商務印書館出版。謬承海內同道，謂於分類整理，不無微功。

廿二年（1933）秋，中央國體專校成立之初，該校聘予為國術理論教授，予乃就平日發表對於國術之主張，與夫廿餘年來研究之管見，分為次第，編成講義，名之曰《國術概論》，用啟後學。已而各地學校相與效尤，均沿用之。《國術概論》之名稱，遂成為今日科學上名辭矣！亦著者中心理論主張之實現也夫！

然而數年以來，各地傳習，增刪數次，今年歲首，而稿始定。其中範圍，雖屬廣泛，要為概論，自難周詳（另有概論詳解，正在整理中）。予著此書，聊作拋磚引玉之意而已！

當今提倡國術之要旨，在能喚起民眾，及改造國民心理之建設。語曰：「民為邦本，本固邦寧。」是以一般民眾，必須外用國術，鍛鍊其體；內曉仁義，以盡其用。久而久之，忠孝成天性，報國出於至誠。他如當仁不讓，見義勇為，竟成余事。

---

[1] 標題為補擬。

所謂中心理論既明，心理建設已成，道德存乎中，光華行於外，轉移習俗，復興民族，孰有優於此者？此著者之所以捨去生平所學，專事於國術之提倡者也。雖然，仁者見仁，智者見智，愛國之道不一，各行其所好而已！

　　後之學者，倘能盡心一讀此書，玩索而探討之，或因是書，而別有心得，雖不足以經邦濟世，然於國家化民成俗之意，學者修己治人之方，則未必無小補焉！是為序。

　　中華民國二十五年（1936），元旦，北平吳圖南序於南京。

國術之名稱與意義

　　國術之名稱，本由中國武術簡稱而來。考其來源，曾經幾許之變遷，始稱拳勇，春秋稱武藝，戰國稱技擊，漢稱技巧，明、清稱技勇，民初稱武術，民十六年（1927）之後，始稱國術。此歷代名稱之大略，即國術名稱之所由始也。

　　其意義，除包括拳術、器械之外，當以修德養性為唯一之目的。至於養成勇敢奮鬥、團結禦侮之精神，培養雄偉俠烈之風氣，發揚民族固有之技能，創造新中華民族，皆自修德養性之中相演而生。否則，好勇鬥狠，於世無濟。對於國家，非徒無益，而又害之。胡為而提倡哉？

　　故外有健全之體，內具高尚之德，窮則獨善其身，達則兼善天下。回顧我國數千年光明之歷史，煜煜之文化，忠孝節義豪俠魁奇之士，層出不窮者，國術倡導之功至多焉！

　　民十六（1927）以還，全國統一，國基新立。國府鑒於民族衰弱，欲輓救頹風，非提倡中國固有之武術，不足以恢復道德，復興民族。乃創設中央國術館於首都，設立中華武術協會於上海，風聲所樹，海內景從。分館林立，會社叢生。舉國之人，莫不以尚武為樂，節烈為榮。

　　以故淞滬之役、喜峰之戰，雖我科學落後，火器不精。而十萬橫磨，大刀有隊，衝鋒格鬥，破陣殺賊，以頭顱易正義，用熱血抗強權，足使強敵大生戒心，不致長驅直入，如入無人之境者，國術之為功，豈淺鮮哉！可見酣戰之際，肉迫交綏，

亦恆賴乎白刃。孰謂國術不能用於現世耶？

雖然，國術之功用有如此，今後提倡之道，宜如何能盡美盡善？著者以為，集中全國國術人才為第一要義。用科學之方法，將國術先行統一。然後或創造新國術，或因固有之國術，加以整理，均為當今之急務。

茲先言其創造新國術之方法。無論其為內家、外家、南派、北派，取其菁英，去其糟粕，復能加意陶冶，融會貫通。成功一種有組織、有系統、有原理、有方法之新國術。於吾國國術史上，別闢一新紀元。此創造新國術之方法如此也。

至若就整理固有之國術而言，應先從研究入手。分析各種門類之異同，究其來源，考其特徵，歸納其源同而特徵相類似者，共有若干種，然後詳細審查，定為系統。

系統既定，再用科學之方法，加以研究。則某種有益於身心，某種合乎生理之程序，某種有礙於衛生，某種背乎科學之原理。優劣既分，取捨亦易。

更就較優之門類，而其性質相同者，依其動作之繁簡，編為次第，擬訂教材。則某者適合於學校，某者適合於軍警，某者適合於民眾。標準即彰，條理分明。

於是整個有系統、有意義之國術出焉。使學者有門徑之可入，有規律之可循。其便利為如何哉？此整理國有固有國術之方法，大致如此也。

夫新國術既出，固有之國術，亦經相當之整理。然後依各地習尚之不同，詳加改善，分區實驗。使得於體育上，佔一重要地位，成為真美善之體育活動。推而廣之，漸及於全世界、全人類，豈不偉歟！

奈何今之精於國術者，或守秘密而不公開，或拘成法而不

改進，徒使優美之國術，不能發揚光大之，可不惜哉！

況國術無系統，則身體各部，不能平均發育；無意義，則動作之理會，頗感困難。是以初學國術者，知動手，不能同時動足，知動手足，又不能同時動腰與肩臂。故動作之程序，必須系統一貫，井然不紊。方能收由腳而腿而腰，進退得體，由手而臂而肩，動轉自如之效。

至就動作之理會而言，則何為舉手動足乎？何為東一捶、西一掌乎？何為俯仰蹲伏偃臥乎？變態百出，捉摸無從。此皆動作編列，缺乏意義之咎者也。

故國術有系統，則易學習；有意義，即無須強記。有系統，全體各部平均發育；有意義，不至有無意識之伸縮矣。

然則提倡國術必須有系統與意義也明矣，而其最低之限度，必使學者，能本乎人生天然優美之發育，順乎自然之能力，使全體得充分之發展，謀一生永久之健康。然後運用機能，適應環境。無論勞心與勞力，均感舒適之樂。再能以德為心，以體為行。果能持之以恆，自能在鄉間為安善之民，入社會為忠勇之士。轉移習俗，復興民族，孰有優於此者。要之，亦在人之善用之耳！

倘自今以往，政府倡導於上，人民發憤於下。自強不息，一德一心，群策群力，貫徹始終。掃除以往偷惰之陋習，共為國術之運動。則國民之身體與精神，俱臻於健全之地位。恢復民族固有之道德與技能，創造偉大之建設與事業，自有成功之希望。西人稱吾國為睡獅，殆將一吼而躍起矣！國術之名稱與意義如此夫！

太極拳史略

太極拳發生很早。追溯其源,早在中國古代醫藥發明之前,人得了疾病只有用導引、按摩之術治病,其後歷代的醫學家、養生學家在研究健體祛病、益壽延年時,不斷地把經驗匯集起來,納入為拳術運動,太極拳也是這樣產生的。

據文獻記載,在我國南北朝時,南朝的梁、陳期間,有新安海寧人程靈洗（513—568）,字玄滌,生於梁武帝天監十二年（513）,少以勇力聞。他習練太極拳,受教於韓拱月先生。步行日二百餘里,便騎善游,素為鄉里招募少年練習拳術、逐捕劫盜。侯景之亂,靈洗聚徒據黟、歙二縣,景不敢犯,二縣得以保全。梁元帝授以新安太守。卒於陳廢帝光大二年（568）,五十五歲,贈鎮西將軍,升府儀同三司,諡曰忠壯。

自程靈洗之後,太極拳經數代相傳至程家後人程珌（字懷古,宋紹熙進士,累官至禮部尚書,端明殿大學士,進封新安郡侯,致仕）。珌家居時,常平糶以濟人,凡有利於民眾者,必盡心焉。程珌讀書很多,研究《易經》很透徹,他說太極拳在他祖先程靈洗之前早已有,還說程靈洗是跟韓拱月學的。但可惜記載中查不出韓拱月這個人,至於韓拱月又是跟誰學的就不清楚了。

程珌這一支系在安徽省歙縣地方流傳甚廣,他著有《洺水集》一書,以先世居洺水,因自號洺水遺民。程珌自練太極拳之後,他認為當時的太極拳使用肘部的地方少,遂增加了十五

個用肘的方法。因為他是研究《易經》的，故名為小九天法，在宋版的《洺水集》裡有記載。程珌還寫過三篇《周易》的講解，包括《周易》《連山》和《歸藏》。

小九天法名目列後：

1. 七星八步　　2. 開天門　　　3. 什錦背
4. 提手　　　　5. 臥虎跳澗　　6. 單鞭
7. 射雁　　　　8. 穿梭　　　　9. 白鶴升空
10. 大襠搥　　11. 小襠搥　　　12. 葉裡花
13. 猴頂出　　14. 攬雀尾　　　15. 八方掌

以上十五式皆韓先師之所傳也。其用功之要，則在超以象外，得其環中，人不知我，我獨知人。至其要訣，則有《用功五志》《四性歸原歌》等。

許宣平，唐徽州歙縣人，景雲（710）中隱莒州城陽山南塢，即本府城南紫陽山，結庵以居。身長七尺六寸，髯長至臍，髮長至足，行及奔馬。每負薪於市中販賣，獨吟曰：「負薪朝出賣，沽酒日夕歸。借問家何處？穿雲入翠微。」李白東遊至新安，累訪之不得，題詩望仙橋而去。

所傳太極拳名三十七，因有三十七勢而名之，又名長拳，因其滔滔無間也。總名太極拳三十七勢。

數百年後，傳至宋遠橋，至其拳勢之名目，與今太極拳大同小異，茲列之於下：

1. 四正　　　　2. 四隅　　　　3. 雲手
4. 彎弓射雁　　5. 揮琵琶　　　6. 進搬攔
7. 簸箕式　　　8. 鳳凰展翅　　9. 雀起尾
10. 單鞭　　　11. 上提手　　　12. 倒攆猴頭
13. 摟膝拗步　14. 肘下搥　　　15. 轉身蹬腳

16. 上步栽捶	17. 斜飛式	18. 雙鞭
19. 翻身搬攔	20. 玉女穿梭	21. 七星八步
22. 高探馬	23. 單擺蓮	24. 上跨虎
25. 九宮步	26. 攬雀尾	27. 山通背
28. 海底珍珠	29. 彈指	30. 擺蓮轉身
31. 指點捶	32. 雙擺蓮	33. 金雞獨立
34. 泰山生花	35. 野馬分鬃	36. 如封似閉
37. 左右分腳	38. 掛樹踢腳	39. 推展
40. 二起腳	41. 抱虎歸山	42. 十字擺蓮

以上四十二勢，除四正、四隅、九宮步、七星八步、雙擺蓮五勢之外，其餘三十七勢是許先師所傳。此勢應一勢練成，再練一勢，萬不可心急齊用。無論何勢先，何勢後，只要一勢用成，三十七勢自然化為相繼不斷也。

至其傳授心法，有《八字歌》《心會論》《周身大用論》《關要論》《用功歌》等。

李道子，唐江南安慶人氏，嘗居武當山南岩宮，不食火食，第啖麥麩數合而矣。時人稱為夫子李，又稱之曰「麩子李」。

所傳太極拳名先天拳，亦名長拳。有俞氏者，江南寧國府涇縣人也。得先生真傳，亦如三十七勢，世世相傳，未嘗中斷，如宋之俞清慧、俞一誠，明之俞蓮舟等最著也。其鍛鍊主旨在盡性立命，而進功之階，始於無形無象，繼之全身透空，終於應物自然。名為先天，洵非虛語，蓋已失傳久矣。

胡鏡子，不知其姓氏，在揚州自稱之名也。所練之太極拳，名後天法，傳業於宋仲殊，再傳於殷利亨，茲將後天法名目列後：

1. 陰肘	2. 陽肘	3. 遮陰肘
4. 肘裡槍	5. 肘開花	6. 八方捶
7. 陰五掌	8. 單提肘	9. 雙鞭肘
10. 臥虎肘	11. 雲飛肘	12. 研磨肘
13. 山通肘	14. 兩膝肘	15. 一膝肘

以上十五勢，雖用肘之法居多，勢法名目不同，而其功用則一也。

張三豐先生，名通，字全一，又名君實。先世為江西龍虎山人。祖父裕賢公，攜本支眷屬徙遷到遼東懿州。

父名居仁，又名昌，字子安，號白山。元太宗收召人才，分三科取士，子安赴試，策論科入選，然性素恬淡，無意仕官，終其身於林下。母親林太夫人，於元定宗丁未年（1247）夏四月初九日子時誕下先師。

三豐先師，風姿奇異，幼學儒業，精於經史，博覽古今，過目便曉，並能會通大意。中統元年（1260），舉茂才異等，二年（1261）稱文學才識，列名上聞，以備擢用。至元甲子（1264）秋先生遊於燕京，相識平章政事廉公希憲。廉公很賞識先生的才學，奏補中山博陵縣令，遂為官。

但這並不是他的夙願，先生對名利很淡泊。有感於歷代之興衰，無意仕途，他說：「一官蕭散，頗同勾漏。」做官的一旦丟職，如同計時的漏水一樣，漏下去就沒有了。做了一年的官遂絕仕進意，回歸遼東。

三豐先生辭官回遼東後，他的父母親相繼去世。他制居守孝三載後，把田產分給了族人，囑咐代為掃墓。乃束裝出遊，帶兩個行童相隨，北抵燕趙，東至齊魯，南遊韓魏，往來名山古剎，吟詠閒觀，且行且住，如是者幾三十年均無所遇。

元貞初年（1295），西遊秦隴，走褒斜，度陳倉，見寶雞山澤幽邃而清，中有三尖山，三峰挺秀，倉潤可喜，因就居於此，自號三豐居士。

　　延佑元年（1314），先生已經六十七歲了，兩個行童都已先後去世，資斧也已用盡，行至華山病倒於途中。幸遇火龍真人賈得昇相救，並帶到觀中傳授養生長壽之道，叫他學練拳術。

　　火龍真人的老師是扶搖子希夷先生，就是專門研究太極學說的陳摶老祖。三豐先生在觀中所習練之拳術，就是太極拳。先生潛心修煉歷時四載，遂更名玄素，一名玄化，合號玄玄子，別號昆陽。

　　泰定甲子（1324）春，三豐先生南至武當山，居玉虛宮，調神九載，而道始成。道教的宗教哲學是以養生長壽為主，以防禦擊技為輔。道教中講究，欲大成者則化功也，欲小成者則武事也。此時三豐先生之太極拳已臻上境，他精研少林拳術，復而翻之，以柔化而克剛猛，以靜而制動，以慢而勝快，以寡而禦眾，他說違反了這四個原則就不是太極拳了。張三豐是承古人太極拳術之集大成者、開拓者，太極拳之中興者大宗師。

　　後三豐先生離武當，隱顯遨遊數載，至正初年（1341）回遼東省墓，復遊燕京，住京西之白雲觀。後遊吳越，僑居金陵，至正十九年（1359）還秦，居寶雞金台觀，又二年乃結庵於太和，人視為邋遢道人。明洪武十七年（1384）、永樂四年（1406）昭訪先生不得，天順三年（1459）明英宗賜誥，贈為通微顯化真人，終莫測其存亡。

　　張三豐先生弟子甚多，先生的大成之道，世稱為武當道派。從明代開始，入武當修煉的各派道士都自稱武當道，都以張三豐為祖師。先生的內家拳術太極拳，早已傳遍到海內外了。

張三豐《太極拳論》曰：

一舉動，周身俱要輕靈，猶須貫串。氣宜鼓盪，神宜內斂，無使有缺陷處，無使有凹凸處，無使有斷續處。其根在腳，發於腿，主宰於腰，形於手指。由腳而腿而腰總要完整一氣。向前後退，乃能得機得勢。有不得機得勢處，身便散亂，其病必於腰腿求之。上下前後左右皆然。凡此皆是意，不在外面。有上既有下，有前既有後，有左既有右。如意要向上，即寓下意。若將物掀起，而加以挫之之意，斯其根自斷，乃壞之速而無疑。

虛實宜分清楚，一處自有一處虛實，處處總此一虛實。周身節節貫串，無令絲毫間斷耳。

張三豐之後，有王宗者，他是西安人，因面對華山，故號宗岳。我去西安、寶雞進行調查時，當地民間百姓傳說和文人墨客的談論，都提到張三豐之後，有個西安人叫王宗的，號宗岳，是個讀書人，喜歡遊山玩水。他到寶雞金台觀跟一位道士學太極拳，這位道士是張三豐的徒弟。故有些記載說：「張三豐之後有王宗者。」我到過寶雞好幾次，看到那裡的道士全會練太極拳，但是由什麼時候，又由哪位道士傳給王宗岳，因為觀裡沒有記載可查，至今仍是個空白，有待後人研究考證了。但確信王宗岳是一位博覽古今的飽學之士，而且對張三豐所傳留下來的太極拳練得很好。

王漁洋先生說：「拳勇之技，少林為外家，武當張三豐為內家。」王宗岳者，得先師真傳，名聞宇內。據文獻記載，說他「習內家拳法在當時為最者」。著作甚多，於太極拳中之奧理

闡發無遺，誠可謂經緯之才也。他寫了很多有關太極拳的文章，但是現存的不過常見的那幾篇，如《太極拳論》《行功心解》《十三勢歌》等。後溫州陳州同、河南蔣發等所傳之太極拳，即三豐先師之十三勢也。

王宗岳以後，太極拳自山、陝傳入溫州浙東之地。明景孝間，有溫州陳州同者學太極拳，為王宗岳所傳，教習鄉里，能者日眾，形成南派。

明嘉靖間，有海鹽張松溪者，南派中最為著名，松溪之徒三四人，而四明（四明山，浙江省寧波市西南）葉繼美近泉為之魁，於是流傳於四明。

四明得近泉者為吳崑山、周雲泉、單思南、陳貞石、孫繼槎，皆各有授受。崑山傳李天目、徐岱岳。天目傳余波仲、吳七郎、陳茂宏。雲泉傳盧紹岐。貞石傳董扶輿、夏枝溪。繼槎傳柴元明、姚石門、僧耳、僧尾。思南傳王征南，名來咸。

《清史稿・列傳・卷二百九十二》載：

王來咸，字征南，浙東鄞縣人。先世居奉化，自祖父居鄞，至來咸徙同嶴，從同里單思南受內家拳法。內家者，起於宋武當道士張三峰，其法以靜制動，應手即仆，與少林之主於搏人者異，故別少林為外家。後流傳於秦、晉間，至明中葉，王宗岳為最著，溫州陳州同受之，遂流傳於溫州。嘉靖間，張松溪最著，松溪之徒三四人，寧波葉繼美為魁，遂流傳於寧波。得繼美之傳者，曰吳崑山、周雲泉、陳貞石、孫繼槎及思南，各有授受。思南從征關白，歸老於家，以術教，頗惜其精微。來咸從樓上穴板窺之，得其梗概。以銀卮易美櫝奉思南，始盡以不傳者傳之。

来咸為人機警，不露圭角，非遇甚困不發。凡搏人皆以其穴，死穴、暈穴、啞穴，一切如銅人圖法。有惡少侮之，為所擊，數日不溺，謝過，乃得如故。牧童竊學其法，擊伴侶，立死。視之，曰：「此暈穴。」不久果甦。任俠，嘗為人報仇，有致金以仇其弟者，絕之，曰：「此以禽獸待我也！」明末，嘗入伍為把總，從錢肅樂起兵浙東，事敗，隱居於家。慕其藝者多通殷勤，皆不顧，隱居於家，鋤地擔糞，安於食貧。未嘗讀書，與士大夫談論蘊籍，不知為粗人。黃宗羲與之遊，同入天童，僧少焰有膂力，四五人不能掣其手，稍近來咸，蹶然負痛。來咸嘗曰：「今人以內家無可炫耀，於是以外家驫之，此學行衰矣！」因為宗羲論述其學源流。康熙八年，來咸卒，年五十三歲。宗羲親為之作墓誌。宗羲之子黃百家，字主一，從學之。將征南之拳法筆之於書，演其說為《內家拳法》一卷，百家後無所傳焉。

黃宗羲甚器之。宗羲（1610—1695），浙江餘姚人，字太沖，號南雷，明清之際思想家、文學家，學者稱梨洲先生，主要著作有《宋元學案》《南雷文案》等數十種。

百家之後，始傳至甘鳳池，據《清史稿·列傳·卷二百九十二》載：

甘鳳池，江南江寧人，少以勇聞，康熙中，客京師貴邸。力士張大義者慕其名，自濟南來見。酒酣，命鳳池角，鳳池辭，固強之。大義身長八尺餘，脛力強大，以鐵裹拇，騰躍若風雨驟至。鳳池卻立倚柱，俟其來，承以手，大義大呼仆，血滿靴，解視，拇盡嵌鐵中。

....

鳳池嘗語人曰：「吾力不如中人，所以能勝人者，善借其力以制之耳。」鳳池手能破堅，握鉛錫化為水。又善導引術，同里譚氏子病瘵，醫不效，鳳池於靜室窒牖戶，夜與合背坐，四十九日而痊。喜任俠，接人和易，見者不知為賁、育。雍正中，浙江總督李衛捕治江寧顧雲如邪術不軌獄，株連百數十人，鳳池亦被逮，讞擬大辟。世宗於此獄從寬，未盡駢誅。或云鳳池年八十餘，終於家。

鳳池後不得其傳，南派之沿革一致如此。

另一支北派代代相傳到清康熙、乾隆年間，有河南蔣發得太極拳真傳，名聞鄉里。蔣發在陝西西安以開豆腐坊為業，其人事母至孝，每年年終都由西安回河南探母。有一年他回鄉，因事繞道經過河南溫縣陳家溝，看見陳家溝的人在練炮捶。他們是由明朝傳下來世世代代練炮捶的。

蔣發看到他們走勢時動作很僵硬，全是猛打猛上，心想何必費這麼大的勁？不由得失聲哈哈一笑。這一笑引起了教拳人的不滿，此人是住在陳家溝北頭的陳氏族人陳長興。

陳長興（1771—1853），河南溫縣陳家溝人，為陳家溝拳師。長興為人立身中正，身體魁梧，有「牌位先生」之稱。那時練拳場定有規矩，不許怪聲叫好、不許樂，蔣發失聲之後自覺不妥，於是轉身就走。陳長興在後緊追，眼看要追上蔣發，陳長興伸手一抓蔣發的肩膀，蔣發回頭一看，陳長興就跌出一丈之外，摔倒在地。

陳長興很聰明，爬起來說：「老師到啦！」於是請蔣發跟他回家，拜師學拳。蔣發因急於回家探母，又感陳之至誠，約定

三年之後仍在此處見面。陳問蔣在這三年之內有何吩咐，蔣告訴他，要緊的是你每天清晨撿一些碎石頭，每天晚上折一些細樹枝，把這兩樣東西分別堆積起來，等三年後我回來時，如果沒有這兩樣東西我就不教你。

蔣發走後，陳果然堅持去做，三年後蔣發如約回到陳家溝，看到陳長興真的按吩咐去做，就告訴他說：「我叫你每天蹲下來撿碎石頭，目的是洩掉你腰上的僵勁，叫你折樹枝為的是使你向上盤旋，增活你的腰頂。」於是陳長興請蔣發到家裡，拜師學練太極拳。但是陳長興的做法引起了族人的不滿，認為丟臉並違背了世代家風，於是約定陳長興自此之後不許再教練陳家炮捶，只許他教外來的太極拳。

楊福魁（1799—1872），字露蟬，河北省（清為直隸）廣平府，永年縣人。原是永年縣南關大和堂中草藥鋪抓藥的，後因得了痞疾，和同鄉李伯魁一起去陳家溝入陳長興拳房學太極拳。初到之時，二人之外均為陳姓，頗受歧視。二人刻苦學習，嘗夜不寢。長興見二人好學，誠敬可嘉，遂授其秘。

他們勤苦學拳多年，尤其是楊露蟬，銳意研究，得數年純功，勤奮領悟，盡得其秘。學成後，李伯魁應山西一派之請去教學，教的是養生長壽，後人稱他們為「金丹李家」，後來情況如何就無人考察了。

楊露蟬回到永年後，當地很多人跟他學太極拳，其中有位紳士叫武河清（1812—1880），字禹襄，河北永年縣人。他們弟兄都是進士出身，在外邊做官，武河清在家守業。他曾練過弓刀石，準備考武進士，因為沒有練成，又去請教楊露蟬。老先生叫二兒子楊班侯教武河清。武自恃他的財富，對老師很傲慢，楊班侯不樂意教他。

武河清對楊氏父子很不滿意，說：「老露先生和他的二兒子班侯，對教太極拳很謹慎，不肯輕易示人。」後來武河清去了陳家溝找陳長興去學。那時陳長興已經八十二歲了，叫他去趙堡鎮跟陳清萍學拳。他回來後傳其甥李亦畬（1832—1892），李傳郝和（1849—1920），字為真，郝傳其子月如（1877—1935），稱武式太極拳。郝又傳孫祿堂（1860—1933），名福全，稱孫式太極拳。

　　據傳，為了避禍，楊露蟬帶著二兒子楊班侯，三兒子楊健侯進了北京。

　　武河清有個哥哥叫武汝清（字酌堂），在北京刑部四川司任員外郎。他在四川司裡有個同事姓張，張說，我有個弟弟很愛練拳，能否請他們到我家裡去拜為老師呢？於是武汝清就把楊露蟬父子三人介紹到張家去教拳。

　　提起張家來，他們對太極拳的發展影響很大。學拳的是張家老四，名叫張鳳岐，因他體胖，都叫他張四胖子。這段歷史近代很少有人知道，幾乎被淹沒。原來武汝清的同事是張家老大。張家當時在北京西郊四王府（四王府，地名，現在的香山公園西萬安公墓一帶，前為玉泉山）開設天義醬園。這家醬園很大，也很有名氣，他們有兩千口大缸做醬菜，還從保定府槐茂醬園，請了位醬把式叫侯德山，主持醬菜技術。他們的醬菜既有保定府醬菜的味道，又有北京玉泉山水清香芳冽的氣味，因而醬園在北京享盛名。

　　清‧慈禧太后有一次到香山臥佛寺登高，想吃點醬菜，侍從到天義醬園買了些醬菜。太后一吃，非常可口，於是就指定天義醬園作為她的御用醬園。每天清晨，醬園套上一輛大車，把各種醬菜拉上，天還沒亮進西直門，車上插有一面龍旗，所

到之處通行無阻，到了皇宮，把醬菜送到御膳房裡去。這樣天義醬園的名氣就更大了。

天義醬園在海淀有兩家分店，一家是在老虎洞，叫天義盛，一家在海淀東岔，叫天義茂。張家是四王府的大財主，出錢舉辦義學，不收學費，還供給書本、文具和衣服飲食，香山附近的貧苦兒童都到義學去讀書。還開辦粥廠，每天早晚熬兩遍很稠的粥，生活貧困的居民都到粥廠打粥飽腹，所以張家頗受附近居民的歡迎。

楊露蟬父子三人曾一度住海淀，後被張鳳岐接到了四王府去，在正院騰出一層院子，叫老師住上房，招待得很豐盛，對老師彬彬有禮，楊氏父子感到很滿意。張鳳岐很用心學習太極拳，進步很快。醬菜把式侯德山跟著學練，也學得很好。當時有知道的，一提及他們就說「張四胖子侯德山」，成了諺語。

當時有個管理三旗事務的漪貝勒，就是後來襲王位的端郡王載漪（1856—1922），清・嘉慶皇帝曾孫，惇親王奕誴次子，咸豐十年（1860），襲貝勒爵位，光緒二十年（1894），封端郡王，光緒二十五年（1899），慈禧立其子溥儁為大阿哥（皇位繼承人），曾出任總理各國事務衙門大臣辦理外交。光緒二十六年（1900），八國聯軍侵略中國，載漪持戰甚堅，二十七年（1901），清廷與八國聯軍議和時被削爵戍新疆。

在北京時，他管理的是香山八旗、圓明園八旗和外火器營八旗。此人性情剛烈，喜歡騎射和狩獵。那時香山一帶甚是荒涼，有獐狍野鹿，有時還有豹出現。載漪每逢香山打獵歸來，都到天義醬園張家小息，張家自然恭敬招待。漪貝勒見楊露蟬父子在張家教張鳳岐練拳很有成效，就提出要把楊氏父子接到自己府中教拳，張鳳岐不同意。

雙方為這件事相持不下，漸漸鬧出些風波，傳到朝廷上也知道了。後來攝政王奕譞，就是光緒皇帝的父親，怕把事鬧大，就親自去京西四王府張家去調解此事。

　　攝政王和張鳳岐說：「你與漪貝勒為了一位老師發生爭執，這樣不好。我跟你談談可不可以這樣辦，每月由初一日到十四日，老教習在漪貝勒府，由十六日到月底在你這裡，老教習的兩個兒子，上半月在你這裡，老教習回你這時，他們則去漪貝勒府，這樣不就兩全其美了嗎？」

　　有了攝政王出面調解，張鳳岐忙表示謹遵指示並感謝。就這樣，漪貝勒才親自去張家請楊露蟬，就地舉行典禮，磕頭拜了老師。自此楊氏父子三人又被請到載漪府中教太極拳。

　　載漪本身原來也會些拳術功夫，他管理當時的神技營，於是任命楊露蟬為神技營的總教習。神技營是清末禁衛軍之一，咸豐十一年（1861）始練兵設營，遴選前鋒、護軍、步軍、火器和健銳諸營精捷者為營兵，精加訓練，以守衛紫禁城及三海，並扈從皇帝巡行。後規模益大，舊設健銳、火器諸營悉並隸之。

　　那時神技營裡有許多著名教習，如雄縣劉仕俊（傳岳家散手）、練形意拳的郭雲琛、練八卦掌的董海川、摔跤的周大惠和大祥子等人。

　　大家見到楊露蟬時，看他身體魁梧、精神飽滿，似有一定的功夫，對他很恭敬，要求漪貝勒請總教習給大家練練拳。於是楊露蟬就練了一趟太極拳，練完後大家自然都叫好，因為這是在官場上，不免客套一番，但在背後裡卻有許多非議，說新請來的這位總教習不是練武的，因為武術要打飛腳、撐旋子，他卻是軟軟綿綿的，雖然動作如行雲流水，綿綿不斷，但看不出什麼技術來。有的人要挑釁，但又不敢針對總教習，因為他

的官職大，於是想在楊班侯身上打主意。

有一天，漪貝勒在府裡跟楊露蟬學拳，其他教習也在一旁侍候觀看。王府的大堂台階有七層，楊班侯正在台階上背靠柱子坐著抽水煙袋，前邊台階下是一片空地。這時摔跤的教習大祥子（左翼）走過來，站在台階下邊面對楊班侯。

大祥子高大魁梧，一般人的身高只能到他的胸口。他在台階下邊把右腿抬起，右腳踩在台階稜上，左腳站在地上。這時楊班侯左手拿著水煙袋，右手拿著一支火紙煤子，正在一吹一吸。大祥子猛地用右手掐著楊的左胳膊肘，左手將楊的水煙袋和手腕一起攥住，說：「你下來吧！」用力往下就拉。

楊班侯用太極拳的勁兒，左胳膊肘往下一沉，大祥子因為腳踩住台階當了軸承，眼看身子懸起，上身前傾，頭要撞到柱子上，忙往回抽身。

楊班侯趁勢往前一發勁，就聽「撲通」一聲，大祥子向後跌了一個倒仰，躺在地上。載漪一見，忙問怎麼回事兒。大祥子爬起來說：「回貝勒爺，我跟二先生鬧著玩兒呢。」

後來漪貝勒把大祥子和周大惠二位摔跤教習找來，引薦他們拜楊班侯為老師。由於有了師生關係，這事就平靜下來了。其後還有些事情發生，等有機會再談吧。

在北京東城干面胡同多羅郡王府（東府）的載治，號四安，聽說西府（漪貝勒後封為端郡王，府邸稱端王府，原在西城官園，稱西府）請了一位好老師，就找他哥哥載漪商量，也要請到東府受教。載漪答應了他，叫楊露蟬和他兩個兒子輪流在兩府各教七天，從此就變為在東府、西府和四王府張家三處輪流轉了。

楊露蟬在端王府時曾教過三個護衛，他們是凌山（滿族）、

全佑（蒙古族）和萬春（原名朱萬春，漢族，他是明朝皇室的後人，編入漢旗後，略其姓稱為萬春）。有一天東府的載治到端王府，正趕上載漪去打獵，載治叫三位護衛陪他玩太極拳，才一推手，三人都不成，站立不穩。

後來載治和載漪論及此事，載治說：「他們三人是護衛你的，還是你護衛他們？」載漪說：「當然是護衛我的。」載治說：「他們三個人連我都應付不了，你說怎麼辦？」載漪說：「這件事問問老教習吧。」於是命人把楊露蟬父子請來一起用飯，載漪提及此事，載治說：「請老先生栽培栽培吧。」楊露蟬笑道：「只要是他們好好練，由現在起我要好好地教他們，三年以後必然有新面貌。」

載漪就把三個護衛叫來給老教習道謝。他們三個人說，我們拜老師得了。楊露蟬一想，不成，自己是王爺的老師，不能叫護衛跟王爺同級，只好叫三人拜楊班侯為師，實際上三個人的太極拳是楊露蟬教的。

楊露蟬所教的人裡以載治練得最好，他是文武兼備。載治的兒子溥侗（1877—1952），字厚齋，號西園，別署紅豆館主，戲劇界人稱侗五爺，他是位戲曲藝術家，名票，文武崑亂各行技藝無所不精，六場通透，能戲甚多。演老生戲酷似譚鑫培，旦角戲得自陳德霖，小生戲為王楞仙所授，著名京劇演員如言菊朋、李萬春等百餘人均師事之。

他把太極拳運用到戲劇中去，他練槍、練刀每一個動作都舒展大方，輕靈活潑。武術加上戲劇藝術，真稱得上是珠聯璧合。我們兩個人很要好，相處了幾十年，常談起楊露蟬父子的事跡。他說，楊露蟬身體魁梧。楊班侯是個細高個兒，很英俊。楊健侯人稱三先生，個子介乎於父兄之間，較高，較魁梧。三

人之中當然是以老先生技藝最高，楊班侯的技藝是老先生之下的第一人，三先生比其父兄略差一些，但比一般的則高深很多了。溥侗還常談起東府、西府及四王府張家的過從往事。

天義醬園張鳳岐的兒子中過舉人，他的孫子張伯允太極拳也練得不錯。我在北京西山教書時住在山南，張伯允住四王府。我們互相往來，研究太極拳的始末來源和套路異同等問題，一起切磋琢磨，也時常談及楊露蟬父子當時是怎樣到北京的。有人傳說，楊露蟬是武汝清給引薦到端王府的，其實不是，是經介紹到張家後才到端王府的。所以張家是搭起此重要橋樑的角色。沒有張家，則太極拳進不了端王府，也就沒有其後的廣為流傳了，這是太極拳發展的重要轉折點。

張伯允是1930年以前逝世的，那時候我在南京，等回來時才知道。張伯允有個兒子叫張墨穎，那時張墨穎母親還在，我曾看望過他們，很可惜張家所練的太極拳後繼無人了。

楊班侯（1837—1892），名珏，人稱二先生，幼年隨父楊露蟬練習太極拳。其父督導甚嚴，終日苦練不息，功屬上乘，性剛強，善用散手發人。

班侯門下，吳全佑（1834—1902）為最著者。全佑有子名愛紳（1870—1942），字鑑泉，即吳鑑泉，得其太極真傳。吳式太極拳以柔化見長，動作靈巧細膩，沉靜自然，為太極拳的主要流派之一。

吳鑑泉先生為人寡言語，性和藹，待人接物均出手至誠，以故文人雅士多善與之遊。其門徒遂遍滿天下矣，其中最著者，除了子鎮、雨亭二人均善技擊外，在南方有吳興褚民誼、上海徐致一、湖南王潤生等。在北方則有北京吳圖南、趙元生、吳潤忱、趙壽春、趙仲博、金雲峰、舒益卿、葛馨吾、吳子勤、

郝樹桐、金壽峰等。

潤生精於內外兩家，著述頗多，其門生有向愷然者為個中之能手。致一精研拳理，由妙入微，著有《太極拳淺說》行世，說理已極透徹。仲博又傳關介三。均為國術專家。

楊少侯（1862—1930），名兆熊，字夢祥，是楊健侯先生之長子，他七歲開始練拳，家學淵源，又承露蟬、班侯之口授，故輕靈奇巧，虛實變化，善用散手，有乃祖乃伯之遺風。拳架小而快，好出手即攻，擅長凌空勁。執教於京師，得其傳者有海淀東潤芳，北京尤志學、田肇麟、吳圖南、馬潤芝等。潤芳為人慷慨好義，工詩文，善書畫，與同里韓文亭先生均以文名。志學靈巧之處高出儕輩，傳其侄廣聲，字金鐸，天資英挺，才氣過人，惜乎早年去世，未能將其心得公諸於世，良可慨耳。

楊澄甫（1883—1936）是楊健侯先生之三子，身體魁梧，拳勢舒展，推手善發，稱為楊式太極拳，為太極拳主要流派之一。又傳陳微明、武匯川、李德芳、金迪甫、李雅軒、張香古、褚蘭亭等，均善技擊，此北派沿革之大略也。

以上是略述太極拳自南北朝至清朝的簡史，目的是正本清源，使練太極拳的人知道太極拳的始末真相，這不僅對中國，對世界太極拳運動也是有益的。

談太極拳運動[1]

太極拳運動為一種優良之運動鍛鍊方法，經常練習，可以促進體質健康，提高工作能力，預防各種疾病，達到延年益壽之目的，此點已由生理科學家研究證明。即在武術運動項目中，亦有高度之評價，凡經過鍛鍊者，均有不同之體會，此點無用多述。

再就太極拳之理論與技術而言，曾經過歷代多數練習者相繼不斷之創造與發明，始能完成今日之完整而有意義、有系統之單獨體系。因此在整理研究過程中，較之其他拳類，規律方面掌握較易。

在練習太極拳過程中，初學太極拳者，往往感覺對於動作不易有全面之理解，如知動手不能同時動足，知動手足又不能同時動腰與肩臂。此種現象，自有其生理上之根據。

蓋主動肌作用，或嫌過強，或覺太弱，頡頏肌（拮抗肌）營無意識之努力，因此運動之肢節呈剛強而不甚和諧；並且方向作用及靜止作用亦不適當，常發現運動於不合己意之方向，終失身體之均衡，呈現出僵化。

但透過此一階段，堅持進行，待練習多數之姿勢後，知覺神經敏感即可增加，運動神經中樞之機能亦愈確實，減少運動刺激之錯誤。此時便能收全體各部位協調之效，而身體均衡之

---

[1] 標題為補擬。

維持力，自然顯著正確。

在練習太極拳時最主要者為意識集中，亦即令一群之肌群動作時，促進該肌群之運動中樞之發達，不特增大其腦回轉，並由以增大自運動中樞達到肌肉之運動神經纖維之粗經，並促進運動中樞之機能及由中樞之刺激傳達力。

此蓋因意識集中於作用肌，對於支配該肌之神經中樞增加輸血量之故。所以練習太極拳者首先要意識集中，其原理有如上述，對於神經系統之效益，以及促進神經中樞及末梢神經之生長即在於此。

在習練太極拳時要舉動輕靈，蓋因練習即久，周身完整一氣，向前退後乃能得機得勢，能有縮短反應時間之效，自能增進運動之敏捷。

在練習太極拳時，要慢、要靜，能如此自能促進消化器之機能提高。原因為太極拳運動，如行之適當，可以促進胃液之分泌。

事實證明，凡促進胃液分泌之運動，必須徐緩而安靜，否則其效果相反，即消化液原料之血液，大量流入於運動肌，適足引起分泌不良之後果。

至於如何練習太極拳由慢與靜而能促進胃液之分泌，其原因何在？約略言之不外乎三：

一、由於腹部內臟之血行良好，而促進胃腺細胞之機能；

二、由於腹腔內壓之機械作用影響於消化腺；

三、因練習太極拳後腹腔內壓之變化，而刺激胃壁內之分泌反射中樞。

所以一般之太極拳練習者如能做到慢與靜，多呈現一種活潑之感覺，自覺體力增強，精神亦感振奮與愉快。

再就醫療方面而言，經常練習太極拳能對中樞神經系統起良好的鍛鍊作用；促進血液循環與心臟收縮之機能，及調節呼吸動作，改進腸胃之消化功能，促進新陳代謝作用，使人體各肌群與關節更加活動，恰似一種休息性的運動。各地鍛鍊者之實際經驗，可以證明太極拳確係一種良好之醫療體育項目。

　　究竟太極拳在哪些病上曾起過一部分輔助作用？現能初步證明者，以慢性病為主。同時太極拳適合於不同年齡、不同性別、不同職業之各個人，亦不受時間、場地、人數之限制。推行時亦較其他體育運動便利而經濟。

　　僅將個人之些微體會，略述如上，以便作為練習太極拳者之參考。

對當前太極拳運動發展之態度①

　　我談過我原來是多病的，後來由於練太極拳練好了身體。像太極拳這樣優美的運動，使我轉弱為強，還能活到九十八歲，證明太極拳是人類極有效益的運動。多少年來我每天都在練，或多或少，從未間斷過。

　　我在青年時就寫太極拳，我想這樣優美的太極拳，只是我們少數人練它，並且獲得效益，不如把它推廣到全國，讓大家都能受益。我曾寫過一本書叫《科學化的國術太極拳》，我的中心理論是，用科學的方法來研究太極拳。

　　有什麼好處呢？就是既省時間又便於記憶。它應該有原理、有意義，還能和各種科學相顧在一起，用以輔助太極拳有所不足的地方。

　　到了抗日戰爭時期，我寫了太極刀和太極劍兩本書，我在《內家拳太極功玄玄刀》一書中寫道：雖然，近世發明火器，攻堅射遠，勢足嚇人。然而酣戰之際，肉迫交綏，亦賴乎白刃。誰說中國的刀劍不能用於現實呢？實際上，中日喜峰口之戰、淞滬之戰，中國的大刀隊還能阻止一時敵人之入侵，並立了相當的戰功。

　　然而使用它的人，必須有健康的身體、充分的精神、百折不回的毅力、萬夫不當的勇氣。所以在那個時期，我希望中國

---

① 標題為補擬。

不出十年之內，就能十萬橫磨，大刀有隊。去衝鋒陷陣，格鬥殺敵，俠義養成天性，忠勇發於志誠。自能當仁不讓，見義勇為。這樣則復國雪恥足以為助也。

近年來，愛好太極拳的人愈來愈多。中國的城市和鄉村到處都有練太極拳的。外國也相應聞風而起，練中國太極拳的人也日愈增多。中國是太極拳的發源地，應當精益求精。無論在原理方面、套路方面、技擊方面都應該走在前頭。推陳出新是好事情，但是不要把別的東西拉到武術中來，硬把武術加上跳舞、加上體操、加上戲劇，目的完全為了表演，還說這就是真正的中國功夫，我認為未免太牽強了，使武術弄成非驢非馬，失去它的真面目。

今後在推動太極拳時，應該一方面推動套路，另一方面也要推動技擊。有人有些顧慮，認為一推動技擊就要傷人。我認為如果組織好了，不會傷人的。太極拳技擊比賽可採用推而不打的辦法，就像摔跤是摔而不打一樣。另外技術發揮得很好的話，甚至連護衣護具都不必要。因為太極拳是以柔克剛、以靜制動、以小勝大、以弱勝強的技術。

以上是我個人的看法，供大家參考。

太極拳

太極十三勢歌

　　十三總勢莫輕視，命意源頭在腰隙。變轉虛實須留意，氣遍身軀不稍癡。靜中觸動動尤靜，因敵變化示神奇。勢勢留心揆用意，得來工夫不顯遲。

　　刻刻留心在腰間，腹內鬆靜氣騰然。尾閭正中神貫頂，滿身輕利頂頭懸。仔細留心向推求，屈伸開合聽自由。入門領路須口授，工夫無息法自修。

　　若言體用何為準？意氣君來骨肉臣。想推用意終何在？延年益壽不老春。歌兮歌兮百四十，字字真切義無遺。若不向此推求去，枉費工夫貽嘆息。

太極拳套路順序

1. 太極勢	2. 攬雀尾	3. 單鞭
4. 提手上勢	5. 白鶴亮翅	6. 摟膝拗步
7. 手揮琵琶勢	8. 進步搬攔捶	9. 如封似閉
10. 抱虎歸山	11. 攬雀尾	12. 斜單鞭
13. 肘底看捶	14. 倒攆猴	15. 斜飛勢
16. 提手上勢	17. 白鶴亮翅	18. 摟膝拗步
19. 海底珍	20. 山通背	21. 撇身捶
22. 退步搬攔捶	23. 上勢攬雀尾	24. 單鞭
25. 雲手	26. 單鞭	27. 高探馬
28. 左右分腳	29. 轉身蹬腳	30. 進步栽捶
31. 翻身撇身捶	32. 高探馬	33. 翻身二起腳
34. 打虎勢	35. 雙風貫耳	36. 披身踢腳
37. 轉身蹬腳	38. 上步搬攔捶	39. 如封似閉
40. 抱虎歸山	41. 攬雀尾	42. 斜單鞭
43. 野馬分鬃	44. 玉女穿梭	45. 上勢攬雀尾
46. 單鞭	47. 雲手	48. 單鞭
49. 下勢	50. 金雞獨立	51. 倒攆猴
52. 斜飛勢	53. 提手上勢	54. 白鶴亮翅
55. 摟膝拗步	56. 海底珍	57. 山通背
58. 翻身撇身捶	59. 上步搬攔捶	60. 上勢攬雀尾
61. 單鞭	62. 雲手	63. 單鞭

64. 高探馬　　65. 十字擺蓮　　66. 摟膝指襠捶
67. 上勢攬雀尾　68. 單鞭　　　69. 下勢
70. 上步七星　　71. 退步跨虎　　72. 轉身雙擺蓮
73. 彎弓射虎　　74. 高探馬　　　75. 撇身捶
76. 攬雀尾　　　77. 單鞭　　　　78. 合太極

太極拳勢說明

太極拳鍛鍊方向說明

為便於初學者,開展之勢均按此方向循循進行,使之不至錯亂。即以自己為中心,胸向為前,背為後,左手方向為左,右手方向為右,即,前、後、左、右,左前、左後、右前、右後八個方向,作圖如下:

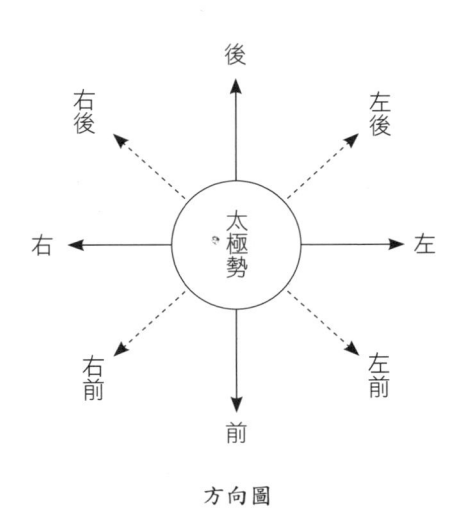

方向圖

太極勢（起勢）

【略釋】

太極勢者，動靜未分之謂也。作此勢時，必須神舒體靜，心專於一。

【姿勢說明】

身體垂直站立，目平視，嘴微閉，身體自然放鬆，二臂下垂，雙手掌心向下，十指向前，雙足足尖向前，兩足之間距離，以肩寬為度。平心靜氣，呼吸自然，保持頭腦清靜、無雜念。（圖2-1）

圖 2-1　太極勢

攬雀尾一

【略釋】

攬雀尾，為太極拳動作之基礎，練之宜熟宜精，學者須注重。此勢內含掤、捋、擠、按等法，取手攬雀之尾隨其動作之意。

圖 2-2　攬雀尾一

【姿勢說明】

左足前上一步，足跟點地，足尖翹起，膝微屈，右足不動，而腿下踞，全體重心，均負右足。同時左臂向前，屈肱垂肘，五指向右，掌心胸向，作環狀上提，至胸前止。右手五指向上，掌心向前，亦提至胸前。掌心撫左肱以助之。至其頭、頸、胸、背等之姿勢，與太極勢同，後仿此。（圖 2-2）

【應用說明】

敵以雙手按我，我以左肱迎之，右手助之，用掤力以掤之。

攬雀尾二

【略釋】

攬雀尾，為太極拳動作之基礎，練之宜熟宜精，學者須注重。此勢內含掤、捋、擠、按等法，取手攬雀尾隨其動作之意。

【姿勢說明】

左足尖向右前方（即 45°角）下落，膝屈而腿下踞，全體重心移於左足。同時右足向右方（即 90°角）進一步，足跟點地，足尖翹起，膝微屈，身即隨之面右。同時右手立掌（五指向上，掌心向前），垂肘，向後方伸出，至胸前止，左手即立掌（五指向上，掌心向後），垂肘，向右伸出，至右手與胸之間止。惟右手大指，約與鼻齊，左手大指，則僅與喉齊耳。（圖 2-3）

圖 2-3　攬雀尾二

【應用說明】

敵以左手擊我，我向左微移，以洩其力，然後以右手進擊其胸。

攬雀尾三

【姿勢說明】

右手、左手向懷內捋，遂將右掌心向上轉，左掌心向下轉，如抱物下捋然（圖 2-4）。然後垂肘向右方伸出，右手中指約與眉齊，左手中指則撫右腕，惟須稍含沉勁。同時右足尖下落，弓右膝（小腿宜直，股宜平），左腿蹬直。全體重心，移於右足（圖 2-5）。復將右手自右方向右後方旋轉半圓（即 180°角），左手隨之，至右肩與胸之間止。同時左腿隨之下踞，右足

圖 2-4　攬雀尾三（1）　　圖 2-5　攬雀尾三（2）　　圖 2-6　攬雀尾三（3）

尖依然翹起。全體重心，移於左足。（圖 2-6）

【應用說明】

敵擊我如偏左，我則捋之；如偏右，我則採之。敵力落空，既不得逞，而我東南西北上下無不如意。

單鞭

【略釋】

單鞭在禦敵之時，有以單手乘勢擊敵之作用，猶如以鞭之擊人也。

【姿勢說明】

右手下垂作鈎狀，左手立掌（五指向上，掌心向右），指尖撫右腕內側，垂肘（圖 2-7）。同時右足跟自左方向右後方旋轉，至與足尖成前後直線（即 90°角）止。

圖 2-7　單鞭（1）

然後左足向左方撤半步，左足尖自右方向前方旋轉，至左前方止，雙腿下蹲（小腿宜直，左右股宜平），同時右鈎不動，

左手立掌（五指向上），垂肘，自右而前，經過胸部向左方伸出（即 180°角），臂微屈，掌心向左，五指向上，身體隨之向前（即 90°角），惟頭以目注左掌故，故向左方（即 180°角）。全體重心，移至兩足間之中點，蓋以身居中央也。（圖 2-8）

圖 2-8　單鞭（２）

【應用說明】

敵以右手擊我，我身下蹲以避其勢，迨其力落空，然後以左手向其胸部按之，敵倘抽身欲脫，我即因彼之力而順擊之。

提手上勢一

【略釋】

提手上勢者，向上提手，有若持物上提者然。同時身體亦向前進步，故有進步上提手之稱。

圖 2-9　提手上勢一

【姿勢說明】

右右足前上一步，足跟點地，足尖翹起，膝前屈，左足不動而腿下蹲。全體重心，移於左足。同時右臂之鉤變掌（掌心胸向，五指向左），屈肱垂肘而作環狀，移至胸前。左手立掌（掌心向前，五指向上），按右肱以助其勢，頭亦因之面前方（即 90°角）。（圖 2-9）

【應用說明】

敵如以雙手按我，我以右肱迎之，左手助之，用掤力以掤之。

提手上勢二

【姿勢說明】

右手橫掌（五指向左）上提，至頂上止，掌心自內而下而前旋轉，至向前上方（即 225° 角）止，左手（五指向前，掌心向下）下按，至左胯側止。同時右足尖下落，右腿前弓，左足遂向前並步，與右足齊，身體直立。全體重心，移於兩足間之中點。（圖 2-10）

圖 2-10 提手上勢二

【應用說明】

敵如以雙手推我右肱，乃欲下按以避我左手，及雙手既避，則彼可制勝，但我可因彼按力，將右手丟開而上提，用腕部擊彼之頷部。

白鶴亮翅

【略釋】

此勢之動作，兩臂向上高舉，左右兩分，恰之白鶴亮翅之狀，故名。

圖 2-11 白鶴亮翅

【姿勢說明】

右手向左微移，左手（五指向上，掌心向前）向左作環狀上提。然後右手右移，至頭上之右側方止，左手（五指向右，掌心向前上方）至頭上之左側方止，掌心均向前上方。（圖 2-11）

【應用說明】

敵如從左側方擊我，我以右手引之，彼力既出，必落空，

我即乘機以左手順其力而擊之。

摟膝拗步一

【略釋】

拗步者，不順其步，即進左步而右手前伸，或進右步而左手前伸也，摟膝則以手下摟拗步之膝之謂。

【姿勢說明】

左足向左方開一步，身亦隨之左面（即 90°角），然後左膝左弓（小腿宜直，股宜平）。右腿蹬直，全體重心，移於左足。同時左手（五指向左，掌心向下）自鼻端而下，經胸前，由膝之左前方，向左後方摟左膝，至左胯側止，臂微屈，五指向左，掌心下按。

圖 2-12 摟膝拗步一

右手（五指向左，掌心向後）自右耳側（掌心以幾與耳相擦為宜）向左方伸出，臂微屈，掌與肩平，五指向上，掌心向左。（圖 2-12）

【應用說明】

敵之自左下方以右手擊我，我以左手向左外方摟之，彼力即空，身必前傾。復進左足攔敵之右踵，而以右手進擊其胸。

摟膝拗步二

【姿勢說明】

右足左上一步，膝左弓（小腿宜直，股宜平），左腿蹬直。全體重心，移於右足。同時右手（五指向左，掌心向下）自膝之左後方，向左前方摟右膝，至右胯側止，臂微屈，五指向左，掌心

下按。左手（五指向左，掌心向前）自左耳側（掌心以幾與耳相擦為宜）向左方伸出，臂微屈，掌與肩平，五指向上，掌心向左。（圖 2-13）

【應用說明】

敵以左手自右下方擊我，我以右手向右外方摟之，然後進右足攔敵之左踵，而以左手進擊其胸。

圖 2-13　摟膝拗步二

摟膝拗步三

【姿勢說明】

左足左上一步，膝左弓（小腿宜直，股宜平），右腿蹬直。全體重心，移於左足。同時左手（五指向左，掌心向下）下摟左膝，至左胯側止，臂微屈。五指向左，掌心下按。

右手（五指向左，掌心向後）自右耳側（掌心以幾與耳相擦為宜）向左方伸出，臂微屈。掌與肩平，五指向上，掌心向左。（圖 2-14）

圖 2-14　摟膝拗步三

【應用說明】

敵之自左下方以右手擊我，我以左手向左外方摟之，然後進左足攔敵之右踵，而以右手進擊其胸。

手揮琵琶一

【略釋】

此勢之動作,兩手相抱,有如懷抱琵琶然,故名。

【姿勢說明】

左足右撤半步,足跟點地,足尖翹起,膝微屈,右腿下踞。全體重心,移於右足。

同時左手自左胯側向左作環狀提起,立掌(五指向上,掌心向前)垂肘移至胸前。右手亦立掌(五指向上,掌心向後)垂肘移至左手與胸之間,惟左手大指,約與鼻齊,右手大指,則僅與喉齊。身體依然左面。(圖 2-15)

圖 2-15　手揮琵琶一

【應用說明】

敵以左手擊我,我用右手將彼吸起。敵若乘勢以右手進擊吾胸,我即因彼之力,以左手順捋其右臂。

圖 2-16　手揮琵琶二

手揮琵琶二

【姿勢說明】

左足向左後方(即 45°角)開半步,右足隨之並步。全體重心,移於左足。同時左手、右手自左而後,旋轉半圓(即 180°角)。然後仍至原處止,惟左掌心向左下方,右掌心向右上方,左右手指,均向左上方。(圖 2-16)

【應用說明】

敵已為我吸起，如抽身欲逃，我即因其力進步推之。敵若乘我之推力，將右手抽出，復自我之左後方來擊，則用左手向左後方捋之，彼力即空。然後用左手推之，右手輔之。

進步搬攔捶一

圖 2-17　進步搬攔捶一

【略釋】

進步搬攔捶者，向前進步，用手移開敵手，而阻敵人之前進，復乘勢以拳擊敵也。

【姿勢說明】

左足左上一步，膝左弓，右腿蹬直。全體重心，移於左足。同時左手（五指向左，掌心向下）右手（五指向左，掌心向上）隨身向左方伸出，左手中指，約與眉齊。右手中指，則撫左腕，稍向左後方旋轉。

然後左足尖翹起，足跟點地，膝微屈，身體右移，右足不動而腿下蹺。全體重心，移於右足。同時左手立掌（五指向上，掌心向前）垂肘移至胸前，右手握拳，循腰帶右撤，至右脅側止，惟拳眼向上，身體依然左面。（圖 2-17）

【應用說明】

敵以右手擊我，我以左手向右前方捋之，同時進左步阻敵之右踵，右手握拳以待其變。

進步搬攔捶二

【姿勢說明】

左足尖下落，膝左弓，右腿蹬直。全體重心，移於左足。

同時左掌不動，右拳循左掌向左方伸出，臂微屈，拳與肩平，拳眼向上。左手指撫右肱，以助其勢。（圖 2-18）

【應用說明】

敵抽右手欲逃，我即因彼之抽力，用拳進擊其胸。

如封似閉一

【略釋】

如封似閉為封閉敵人之意。蓋禦敵之時，自衛而避敵，乘勢而擊敵。非避敵而不出擊也。

圖 2-18　進步搬攔捶二

【姿勢說明】

左足尖翹起，膝微屈，右足不動，而腿下踞。全體重心，移於右足。同時左手自右腋下伸出，五指向上，掌心向右，循右臂外而行。右手將拳變掌，徐徐向胸間撤回，左右手交叉至胸前時，然後左右各自分開。

圖 2-19　如封似閉一

手指向上，掌心向右，雙肘下垂。兩手之間距離，以肩為度。（圖 2-19）

【應用說明】

敵以左手握我右肱，我以左手攔著敵手，而將右臂抽回。恐敵乘勢進擊我胸，於是以左右手偽封之，以待其變。

如封似閉二

【姿勢說明】

左足尖下落，膝左弓，右腿蹬直。全體重心，移於左足，

同時左右手合掌向左方推出，臂微屈（雙臂），掌與肩平（雙掌），五指向上，掌心向左。兩掌間之距離，以肩為度。（圖 2-20）

【應用說明】

敵以雙手推我，我左右分之，彼力即空，然後向彼胸間推之。

抱虎歸山一

【略釋】

抱虎歸山者，謂敵之勢如猛虎。我乘勢以手抱持而歸也。

【姿勢說明】

雙手下落，至左膝之左右側止。然後轉身向前（即 90°角），右足不動，左足向右並步，同時左手向左，右手向右，徐徐提起，至頂上止，掌心相向交叉，右手前而左手後，然後交叉下落，至胸前止。全體重心，移於兩足間之中點。（圖 2-21）

圖 2-20 如封似閉二

圖 2-21 抱虎歸山一

【應用說明】

如敵欲分我雙手而進擊，我雙手下採敵力而吸引之。

抱虎歸山二

【姿勢說明】

左足向左前方（即 45°角）開半步，弓膝，右腿蹬直，身亦面左前方。全體重心，移於左足。同時左手下攬左膝，至左

胯側止，臂微屈，五指向左前方，掌心下按。右手提至右耳側止，五指向左前方，掌心幾與耳相接著。（圖2-22）

【應用說明】

敵自左前方以右手擊我，我以左手攏開，提起右手，以待其變，即謂之「彼不動，已不動」也。

抱虎歸山三

圖 2-22　抱虎歸山二

【姿勢說明】

身體自左前方而前方而右方旋轉之，至面右後方（即 180°角）止。然後右足向右後方邁半步，弓膝，左腿蹬直，全體重心，移於右足。同時右手下攏右膝，至右胯側止，臂微屈，五指向右後方，掌心下按。左手自左耳側向右後方伸出，臂微屈，五指向上，掌心向右後方。（圖2-23）

【應用說明】

圖 2-23　抱虎歸山三

敵自脊背後以左手擊我，我即轉身，以右手攏開，用左手進擊其胸。

攬雀尾一

【略釋】

見前。

【姿勢說明】

右足向左前方撤回半步，足跟點地，足尖翹起，膝微屈，

左足不動,而腿下踞。全體重心,移於左足。同時右手自右胯側,立掌(五指向上,掌心向右前方)垂肘作環狀提起,至胸前止,大指約與鼻齊。左手亦立掌(五指向上,掌心向左後方)垂肘移至右手與胸之間止,惟大指約與喉齊。(圖 2-24)

【應用說明】

我以左手進擊敵之胸相抗,我因彼之力而吸之,敵乃乘勢以左手上擊我頭,我用右手順其力抒之。

圖 2-24　攬雀尾一

攬雀尾二

【姿勢說明】

左右手合掌(右掌心向上,左掌心向下,指撫右腕)向懷內抒,然後向右後方伸出,同時右足尖下落,弓膝,左腿蹬直,全體重心,移於右足,然後右手、左手復由右後方而後而左,旋轉半圈(即 180°角),至左前方肩與胸之間止。同時右足尖依然翹起,左腿下踞,全體重心,移於左足,然後右手立掌(五指向上,掌心向右後方)垂肘向右後方推出,臂微屈,五指向上,掌心向右後方,左手指撫右腕,掌心向左前方,同時右足尖下落,弓膝,左腿蹬直,全體重心,移於右足。(圖 2-25)

圖 2-25　攬雀尾二

【應用說明】

敵以左手擊我,我以右手順抒

其臂，以冀乘勢致擊。敵乃因我之力，將左手抽出，復自我之右側方進攻，我乃採其力而推之。

斜單鞭

【略釋】

斜單鞭者，單鞭勢所占之方位斜向而不正也。

【姿勢說明】

右掌下垂作鈎狀，右足跟向右後方旋轉一直角（即 90°角）。同時左足向左前方撤半步，右鈎不動，左手立掌（五指向上）垂肘，經胸前向左前方伸出。臂微屈，五指向上，掌心向左前方，身亦隨之旋轉，至面右前方止，惟頭以目注右鈎故，仍面右後方，兩腿下踞，身居中央。全體重心，移於兩足間之中點。（圖 2-26）

圖 2-26　斜單鞭

【應用說明】

當我應敵之際，忽有自後方來者，欲乘我之不備，以右手擊我之背。我則將身下踞，以避其掌，而用左手進擊其胸。

肘底看捶

【略釋】

肘底看捶者，肘下看守以捶之謂。蓋禦敵之時，我以肘擊之，惟恐敵人乘勢由肘下進擊吾胸、腹等各部，故以捶保護之。

【姿勢說明】

以左足為軸，右足提起，自右後方而右而前旋轉之，至右足與左足成前後直線止，身亦隨之左面。同時右鈎變掌（五指向外，掌心向下）隨身旋轉，自右後方而右而前而左，至左後

方止,左手自左前方而左而後,至右方止,然後左手握拳,循腰帶向左方伸出,折而上提,至頭之左後方,肩之左方止。肘下垂,與拳成垂直線,拳眼向右方,右手亦握拳,置左肘下。同時左足提起,向左方邁半步,足跟點地,足尖翹起,膝微屈,右腿下蹲。全體重心,移於右足。(圖 2-27)

【應用說明】

敵之以右拳擊我,我以左手捋之,彼力即空,身必前傾,然後用右拳以擊其肋。

圖 2-27 肘底看捶

倒攢猴一

【略釋】

倒攢猴者,後退引敵也。猴遇人前撲,我即退而引之,猴必追擊,我遂乘勢襲擊其頭。

【姿勢說明】

左足右退一步,左腿蹬直,右足不動而弓膝。全體重心,仍負右足。同時左手立掌向左方伸出,掌與肩平,臂微屈,五指向上,掌心向左。右手下摟右膝,至右胯側止,臂微屈,五指向左,掌心下按。(圖 2-28)

圖 2-28 倒攢猴一

【應用說明】

敵來勢甚凶，我先後退以避，而乘勢以右手摟敵之手（或足），然後以左手迎擊其頭部。

倒攆猴二

【姿勢說明】

右足右退一步，右腿蹬直，左足不動而弓膝。全體重心，移於左足。同時左手下摟左膝至左胯側止，臂微屈，五指向左，掌心下按，右手自右胯側提起，至右耳側止，然後向左方伸出，臂微屈，掌與肩平，五指向上，掌心向左。（圖 2-29）

圖 2-29　倒攆猴二

【應用說明】

與前同，惟左右手互易其用。

倒攆猴三

【姿勢說明】

姿勢與應用與倒攆猴一略同。

斜飛勢

【略釋】

斜飛勢以其似鳥之舉翅斜飛而名。

【姿勢說明】

左左足左上一步，弓膝，右腿蹬直，身左傾，而頭右顧，左手向左上方伸出，臂微屈，五指向左上方，掌心向右上方。右手向右下方伸出，臂微屈，五指向右下方，掌心向左下方，左右手

若鳥之斜展其翅而飛舉然。全體重心,移於左足。惟以右手稱之,目注之,身雖左傾,而不撲者,良以此也。(圖 2-30)。

【應用說明】

敵以右手擊我,我以左手捋之,彼力即空,身向前傾。敵懼其撲,退步欲脫,我則因彼之力以左手穿其右腋下而擲之。

圖 2-30　斜飛勢

海底珍

【略釋】

海底珍亦作海底針,以手向下點刺之意。

【姿勢說明】

左足右撤半步,足尖點地,膝微屈,右腿下蹲。全體重心,移於右足。同時右手向胸前撤回(圖 2-31)。

圖 2-31　海底珍(1)　　圖 2-32　海底珍(2)

右手向左下方伸出，指尖下指，至膝下止（五指向下，掌心向後）。左手自左胯側立掌垂肘，移至胸前，掌按右肱，五指向上，掌心向前（圖 2-32）。

【應用說明】

我以右手引敵，乘其力鬆懈向下而點之。

山通背

圖 2-33　山通背

【略釋】

山通背者，其背勁一發，山即難阻也。

【姿勢說明】

左左足左上半步，身體向前方，雙腿下蹲。全體重心，移於兩足間之中點。同時右臂向左提起，掌約與額齊，五指向左，掌心向後，左手指撫右肱，亦隨之向左提起，掌約與鼻齊。

然後右掌心由後而下而前旋轉之，至掌心向前止，而後右移，至頂上止，五指向左，掌心向前上方。左手立掌垂肘，向左平伸，臂微屈作環形，五指向右上方，掌心向前，頭稍左顧，目注左掌。（圖 2-33）

【應用說明】

我以海底珍進擊，敵以右手猛擊我頭，我以右手叼而捋之，而以左手進擊敵肋。

撇身捶

【略釋】

撇身捶者，敵自後方來擊，我將身撇開，而後以拳擊敵也。

圖 2-34　撇身捶（1）　　　圖 2-35　撇身捶（2）

【姿勢說明】

雙手握拳，置於左脅下，身體稍向左移，而頭右顧。全體重心，移於左足（圖 2-34）。右足向右後方開半步，弓膝，左腿蹬直，身體面右方。同時右拳垂肘向右撇出，至胸之右後方止，拳與肘平，腕門向上。左手立掌（五指向上，掌心向後）垂肘移至胸前，至右拳之右上方止，身即右傾。全體重心，移於右足（圖 2-35）。

【應用說明】

敵之以右手自背後擊我，我撇身後轉，以洩其力，乃以右拳下攔敵腕而採之。倘敵抽臂欲逃，我即因其抽力而順擊之。

退步搬攔捶一

【略釋】

退步搬攔捶者，向後退步，搬開敵手，攔阻敵人之前進，而後乘機以拳擊敵也。

【姿勢說明】

右足左退一步，膝屈而腿下蹲，左足尖翹起，足跟點地，

圖 2-36　退步搬攔捶一　　　圖 2-37　退步搬攔捶二

膝微屈。全體重心，移於右足。同時右拳循腰帶左撤，至右脅側止，拳眼向上，左手立掌垂肘，隨身左撤，仍居胸前。身體依然面右，目注右方。（圖 2-36）

【應用說明】

退步以洩其敵力，復乘勢搬攔敵手，以待其變。

退步搬攔捶二

【姿勢說明】

左膝右弓，右腿蹬直。全體重心，移於左足，同時右拳循左掌向右方伸出，臂微屈，拳與肩平，拳眼向上，左手指撫右肱，以助其勢。（圖 2-37）

【應用說明】

方我搬攔敵手，敵抽身欲逃，我即因彼之力，以拳擊之。

上勢攬雀尾

與前攬雀尾三略同。

雲手一

【略釋】

雲手者，雙手動作如雲旋繞之狀。

【姿勢說明】

右膝右屈，左腿蹬直。全體重心，移於右足。同時右手變鈎為掌，向上提起，至頭之右上方止，五指向左上方，掌心向右上方。左手自左方下落，至小腹與臍之間止（五指向右，掌心向上），然後向右方提起，至指撫右腕止，掌心仍向上方。（圖 2-38）

【應用說明】

敵自右方擊我，我以右手接彼之臂，向上托之；倘敵欲抽其臂，我即因其力而擲之；倘彼欲用力下壓，我則上提而挒之。

雲手二

【姿勢說明】

左膝左屈，右足向左並步。全體重心，移於左足。同時左

圖 2-38　雲手一 　　　　　　圖 2-39　雲手二

手提起，由右而上，至頂上止，然後掌心外播，向左方下落，至與肩成水平線止。臂微屈，五指向上，掌心向左。右手自右方而下，至小腹與臍之間止（五指向左，掌心向上），然後向左方提起，至指撫左腕止，惟掌心仍向上耳。（圖 2-39）

【應用說明】

敵自左方擊我，我以左手向外捋之，然後擊敵之胸。

雲手三

【姿勢說明】

左足左開一步，左腿蹬直，右膝右屈。全體重心，移於右足。同時右手向上提起，至頂上止，然後掌心外播，向右方下落，至掌與臂成水平線止，臂微屈。五指向上，掌心向右。左手自左方下落，至小腹與臍之間止。五指向右，掌心向上，然後向右方提起，至指撫右腕止，惟掌心仍向上耳。（圖 2-40）

圖 2-40　雲手三

【應用說明】

敵自右方擊我，我以右手向外捋而擲之。

高探馬一

【略釋】

高探馬者，身體向上探出，攀登如乘馬也。

【姿勢說明】

左足右撤半步，足尖點地，足跟提起，膝微屈，身體左面。全體重心，移於右足。同時左手掌心向上，垂肘右撤，至

胸前止，右手掌心向下，自右而左，經胸前，至左手之左上方止，掌約與鼻齊。（圖 2-41）

【應用說明】

敵擊我，我以左手捋之，右手迎擊其面。

左右分腳一

【略釋】

左右分腳者，左右腳向左右分踢之也。

【姿勢說明】

左右手向右後方捋，雙手握拳，交叉於左脅側，右拳外而左拳內。

然後上提至頂，拳均變掌，左右分開，右掌向左前方，左掌向右後方。兩臂幾成一線，臂均微屈，掌均與肩平，指均向上。同時右足提起，向左前方循右掌踢出，膝微屈，足趾向上，足心向左前方。全體重心，移於左足。（圖 2-42）

圖 2-41　高探馬一

圖 2-42　左右分腳一

【應用說明】

敵以左手擊我，我以右手向右後方捋之。敵上抽其臂，撤身欲逃，我順其上抽之力，以右手外拋其臂，乘其後撤之力，以右足前踢其身。

高探馬二

【姿勢說明】

右足落地，膝微屈，左腿蹬直。全體重心，移於右足。同時兩手握拳，內抱於胸前，腕門胸向，右拳外，而左拳內。然後左拳變掌，經右拳向左後方伸出，屈臂，垂肘，五指向上，掌心向左前方。右拳亦變掌，下移至胸前，五指向左，掌心向上。（圖 2-43）

圖 2-43　高探馬二

【應用說明】

敵以右手擊我，我以右手向前方採之，更以左手進擊敵面。

左右分腳二

【姿勢說明】

左右手向右前方捋，而後握拳交叉於右脅側，左拳外而右拳內。然後上提至頂，拳均變掌，左右分開，左掌向左後方，右掌

圖 2-44　左右分腳二

向右前方，兩臂幾成一線，臂均微屈，指均向上，掌均與肩平。同時左足提起，向左後方循左掌踢出，膝微屈，足趾向上，足心向左後方。（圖 2-44）

【應用說明】

敵以右手擊我，我以左手向右前方捋之。倘敵臂上抗，我則順其力上拋，彼力即空，身必後傾，乃乘勢以足踢之。

轉身蹬腳

【略釋】

轉身蹬腳者，將身後轉，以足前蹬而踢敵。

【姿勢說明】

左右手握拳內抱，置於右脅下，左手外而右手內，同時左股不動，小腿下垂，以右足為軸，自左而後而右旋轉半圈，身體面右，然後雙拳變掌，提至頂上，左右分開，掌與肩平，左掌向右方，右掌向左方，兩臂微屈，幾成直線，指均向上，同時左足小腿向右方蹬出，膝微屈，足趾向上，足心向右。（圖2-45）

圖 2-45　轉身蹬腳

【應用說明】

敵自身後擊我，我轉身以迎之，更以左手上擊其面，敵必防其頭部，我遂以左腳蹬之。

進步栽捶一

【略釋】

進步栽捶者，向前進步，以捶下擊，有若將物植入地中然。

【姿勢說明】

左足落地，膝右弓，右腿蹬直。全體重心，移於左足。同時左手下摟左膝，至左胯側止，臂微屈，五指向右，掌心下按。

右手自右耳側向右方伸出,臂微屈,五指向上,掌心向右。（圖 2-46）

【應用說明】

敵以右手摟我左腿,我將左腿下落,而以左手摟開敵手,以右手進擊其胸。

進步栽捶二

【姿勢說明】

右足向右方開一步,膝右弓,左腿蹬直。全體重心,移於右足。同時右手下摟右膝,至右胯側止,臂微屈,五指向右,掌心下按。左手自左耳側向右方伸出,臂微屈,五指向上,掌心向右。（圖 2-47）

【應用說明】

敵以左手擊我,我以右手摟開,而以左手進擊其胸。

進步栽捶三

【姿勢說明】

左足右上一步,膝右弓,右腿蹬直。全體重心,移於左足。同時右手自右耳側向右下方握拳擊之。左手下摟左膝,而後手扶右肱,以助其勢。（圖 2-48）

圖 2-46　進步栽捶一

圖 2-47　進步栽捶二

【應用說明】

敵以右手擊我，我以左手摟開，以右手進擊敵面。敵乃以左手下摟我右手，我即順其力握拳而擊其腹。

翻身撇身捶

【略釋】

翻身撇身捶者，敵自後方來擊我，我翻身後轉將身撇開，乘勢以拳擊敵也。

【姿勢說明】

雙手握拳，移至左肋下，右手外而左手內，身體右傾，而頭左顧。然後自右而後而左旋轉半圈，同時左足不動而以之為軸，右足向左前方橫移半步。身體左面，右膝左弓，左腿蹬直。全體重心，移於右足。同時右手握拳移於胸之左前方，與右肘平，腕門向上。左手立掌垂肘移於右拳左上方，五指向上，掌心向前，大指約與喉齊。（圖2-49）

【應用說明】

敵自背後以右手擊我，我撇轉己身以避之，復以右拳採其右臂。倘彼上抗，或向懷內抽之，我即因彼之力而順擊之。

圖2-48　進步栽捶三

圖2-49　翻身撇身捶

高探馬

【略釋】

見前。

【姿勢說明】

左足向左後方開一步,弓膝,右腿蹬直。全體重心,移於左足。同時左手掌心向上,五指向左,移至胸之左後方,與左肘平。右拳變掌,移至左掌之左上方,五指向上,掌心向後,大指約與喉齊。

【應用說明】

敵自左後方擊我,我以左手捋之。敵力既空,身必前傾,我乃以右手迎其面而擊之。

翻身二起腳

【略釋】

翻身二起腳者,向後翻身,左右腳相繼踢起也。

【姿勢說明】

左右手向右後方捋,而後握拳,置於左肋下,右手外而左手內。然後將兩拳變掌提至頂上,向左前方及右後方分擊。右掌向左前方,左掌向右後方,兩掌均與肩平,指均向上。同時左腿提起,向左方平踢,甫及落地。

而右腳提起,循右掌而平踢之,膝微屈,足趾向

圖 2-50　翻身二起腳

上,足心向左前方。全體重心,移於左足。(圖 2-50)

【應用說明】

敵以左手擊我,我以左手向右後方将之。敵後撤其身,我則因彼之力,以左足踢之。敵以右手下摟我左腿,我即將左腿下落,以右手向左前方拋敵左臂,而以右足平踢其肋部。

打虎勢一

【略釋】

打虎勢者,以其形似而名。在舊太極拳中無此目,為楊班侯先生所增加。

【姿勢說明】

右足向右前方撤回下落,左足亦向右前方退半步,足尖點地,足跟提起,膝微屈,右腿下踞。全體重心,移於右足。同時左右手合掌,自頂上而下落,至胸前止。然後右手握拳下落,經腹、肋各部,復上提至頭之前方止,拳眼向下,腕門向左。左手亦握拳移至胸之左前方,與左肘平,拳眼向上,腕門向右,左右拳眼,務須上下相對,目注左方。(圖 2-51)

圖 2-51 打虎勢一

【應用說明】

敵以右手擊我,我以左手将之,以右拳側擊其頭部。

打虎勢二

【姿勢說明】

左足向右後方退一步,右足亦向右後方退半步。同時左

拳下落，復向上提，置於頂之後上方，拳眼向下腕門向左。右拳亦移至胸之左後方，與右肘平，拳眼向上，腕門向右，左右拳眼，務須上下相對。

然後將右膝上提，與右肘相接，小腿下垂。全體重心，移於左足。同時右手向左前方伸出，臂微屈，五指向上，掌心向左前方。左手向右後方伸出，臂微屈，五指向上，掌心向右後方。右足循右手向左前方踢出，膝微屈，足趾向上，足心向左前方。（圖 2-52）

圖 2-52　打虎勢二

【應用說明】

敵以左手擊我，我以右手捋之。敵乃上抗而抽其臂，我即因其力而拋擲之，並以足踢其腹。

雙風貫耳

【略釋】

雙風貫耳者，以兩手擊敵雙耳，運用之速有如風然。在舊太極拳中無此目，為楊班侯先生所增加。

【姿勢說明】

右足向左前方開一步，弓膝，左腿蹬直。全體重心，移於右足。同時左右手合掌由胸而下，至右膝之上方止，即握拳向前後兩方分開，由下而上，至與肩平止。然後雙臂均作環狀向左

方運行，雙拳對峙，至胸前止，兩臂略成橢圓形，目注左方。（圖 2-53）

【應用說明】

敵以擊我胸部，我以手左右分開，復用雙拳進擊敵之雙耳。

披身踢腳

【略釋】

披身踢腳者，將身側立，以足前踢也。

【姿勢說明】

左右手握拳，交叉於右肋下，右拳外而左拳內，同時右足不動。全體重心，仍在右足。左膝上提，然後向左方踢出，膝微屈，足趾向上，足心向左。同時左手向左方伸出，臂微屈，五指向上，掌心向左。右手向右方伸出，臂微屈，五指向上，掌心向右，但兩掌均與肩平，約成左右一直線。（圖 2-54）

圖 2-53　雙風貫耳

圖 2-54　披身踢腳

【應用說明】

敵以右手擊我，我以左手捋之。敵乃抽回而擊我頭，我即以左手外擲其臂，乘其身之後傾，以左足踢其右肋。

轉身蹬腳

【略釋】

見前。

【姿勢說明】

左右手握拳置於右肋側，右拳外而左拳內。同時左股不動，小腿下垂，以右足為軸，身體自左而前而右而後乃復向左，旋轉一周（即 360°角）。然後左足落於右足之右後方。全體重心，移於左足。

復將右手向左方伸出，臂微屈，五指向上，掌心向左，左手向右方伸出，臂微屈，五指向上，掌心向右。同時右腿提起，向左循右掌踢出，膝微屈，足趾向上，足心向左。（圖 2-55）

圖 2-55　轉身蹬腳

【應用說明】

敵之自旁側擊我腹，我轉身以避之，敵更以左手擊我，我以右手外拋敵手，而以足乘勢踢之。

上步搬攔捶

略，同前進步搬攔捶。

野馬分鬃一

【略釋】

野馬分鬃者，此勢前進之狀，有如野馬奔馳，風吹其鬃，左右兩分也。

【姿勢說明】

右足自右後方向右方開半步，足跟點地，足尖翹起，膝微屈，左足不動而腿下踞。全體重心，移於左足。同時左右手均立掌垂肘移至胸前，右手五指向上，掌心向前，大指約與鼻齊。左手則五指向上，掌心向後，置於右手與胸之間，惟大指約與喉齊耳。

然後右足向右後方開一步，弓膝，左腿蹬直，全體重心，移於右足。同時右手掌心向上，五指向右，向右後方伸出，大指約與眉齊。左手掌心向下，五指向右，向前方伸出，大指約與胯齊，惟面向前方，目注左掌。（圖2-56）

圖 2-56　野馬分鬃一

【應用說明】

敵以左手擊我，我以左手採之。敵後抽其臂，以避前撲，我則順其力而進右足，攔敵左踵，以右手自敵之左腋下穿出而擲之。

野馬分鬃二

【姿勢說明】

左足向右前方開一步，弓膝，右腿蹬直，全體重心，移於左足。同時左手掌心向上，五指向右，向右前方伸出，大指約與眉齊。右手掌心向下，五指向右，向後方伸出，大指約與胯齊，面向後方，目注右掌。（圖2-57）

【應用說明】

與前略同，惟雙方手足之左右互易。

野馬分鬃三

【姿勢說明】

姿勢與應用，與野馬分鬃一略同。

玉女穿梭一

【略釋】

玉女穿梭之式，周行四隅，態度貞靜，有如玉女之德容；而其動作之敏捷，變轉之伶俐，有如穿梭之行於錦中。

【姿勢說明】

右足自右後方向右方開半步，足跟點地，足尖翹起，膝微屈，左足不動，而腿下蹲。全體重心，移於左足。同時左右手均立掌垂肘，移至胸前。右手五指向上，掌心向前，大指約與鼻齊。左手

圖 2-57　野馬分鬃二

圖 2-58　玉女穿梭一

五指向上，掌心向後，置於右手與胸之間，大指約與喉齊。

然後右足向右後方開一步，弓膝，左腿蹬直，全體重心，移於右足。同時右手五指向右後方，掌心向上，向右後方伸出。左手五指向右方，掌心向下，向前方伸出，面向前方，目注左掌。

然後左足自左前方向右前方開一步，弓膝，右腿蹬直，全體重心，移於左足。同時左手掌心胸向，自右腋下伸出，循右臂外而行，至右手外止。

然後左右手掌心外轉，向右前方推出，左手五指向右後方，掌心向右前方，大指約與眉齊。右手五指向上，掌心向右前方，大指約與胸齊。（圖 2-58）

【應用說明】

敵以右手擊我，我以左手捋之，敵後撤其臂而上挑，我即因其力而向外挒，更以右手進擊其胸。

玉女穿梭二

【姿勢說明】

左右手掌心胸向，交叉置於胸前，右手外而左手內，然後以左足為軸，身體由右前方而右而後而左前方旋轉之，右足由左後方向左前方開一步，弓膝，左腿蹬直，全體重心，移於右足。同時左右手掌心外轉，向左前方推出，右手五指向左後方，掌心向左前方，大指約與眉齊，左手五指向上，掌心向左前方，大指約與胸齊。（圖 2-59）

【應用說明】

敵自身後以左手擊我，我轉身以右手捋之，敵將身後撤而上挑，我則因其力而挒之，更以左手進擊其胸。

圖 2-59 玉女穿梭二

玉女穿梭三

【姿勢說明】

姿勢與應用略同玉女穿梭一。（圖 2-60）

玉女穿梭四

【姿勢說明】

左右手掌心胸向，交叉內抱，右手外而左手內。同時以左足為軸，身體由左後方而左而前而右而右後方旋轉，右足向右後方開一步，弓膝，左腿蹬直。全體重心，移於右足。同時左右手掌心外轉，向右後方推出。右手五指向右前方，掌心向右後方，大指約與眉齊。左手五指向上，掌心向右後方，大指約與胸齊。（圖 2-61）

【應用說明】

同玉女穿梭二。

圖 2-60 玉女穿梭三　　　圖 2-61 玉女穿梭四

下勢

【略釋】

下勢者,將身下降以避敵也。

【姿勢說明】

左腿伸直下降,幾乎到地,右膝蓋外開。而腿下踞,身體直立,下坐於右腿,亦幾乎到地。同時左右手均立掌垂肘,置於胸前。惟左掌置於左膝之前方,右掌置於左掌與胸之間耳。(圖2-62)

圖 2-62 下勢

【應用說明】

敵鋒不可犯,我將身下降,而腿後坐以避之,靜觀其變。

金雞獨立一

【略釋】

金雞獨立之勢,一足著地,一足提起,雙臂上揚作展翅狀,其瀟灑之態有類金雞,故名。

【姿勢說明】

左膝漸漸向左方弓出,左右手擦地向左方伸出,身亦隨之左進,右腿蹬直。全體重心,移於左足。

圖 2-63 金雞獨立一

同時左足不動,右膝上提,身體直立。右手置於頂之左上方,五指向後,掌心向左上方。左手置於小腹前之右足側,五指向前,掌心向下。(圖2-63)

【應用說明】

敵以右手擊我，我以左手将之。敵上挑，我因彼之力，以右手上抛其臂，以右膝進擊其小腹，更以左手乘勢進擊其胸。

金雞獨立二

【姿勢說明】

右足下落，左膝上提，左手移於頂之左上方，五指向前，掌心向左上方。右手掌心向下，移於小腹前。全體重心，移於右足。（圖 2-64）

圖 2-64　金雞獨立二

【應用說明】

敵以右手自左後方乘勢而擊我頭，我以左手将之，以左膝進擊其腹。

十字擺蓮

【略釋】

十字擺蓮者，雙手移動，形如十字，同時起腳旁踢，開而復合也。

【姿勢說明】

左手立掌向左方推出，右手橫掌移至左腋下，掌心向下。

圖 2-65　十字擺蓮

同時左足向左開半步，弓膝，右腿蹬直。全體重心，移於左足。然後身體以左足為軸，由左而前而右旋轉半圈，右手仍居於左

腋下不動，惟左手移至頂上，掌心向右。然後右腿提起，由前而右而後，旁撥踢之。同時左手自後而前拍右足面，右手自前而後亦拍足右面，兩手拍右足面時，略成十字，然後右足落下。（圖 2-65）

【應用說明】

敵自後擊我，我身即後轉，以手撥開敵手，復乘勢以足旁踢之。

摟膝指襠捶

【略釋】

摟膝指襠捶者，上步摟膝，乘勢以拳擊敵之襠也。

【姿勢說明】

左足右上一步，弓膝，右腿蹬直。全體重心，移於左足。同時右手握拳，向右下方直擊之。左手下摟左膝，復向上而撫右肱，以助其勢，身體仍面右方。（圖 2-66）

【應用說明】

敵以右手擊我，我以左手摟，開乘勢以右拳進擊其襠。

上步七星

【略釋】

上步七星者，向前進步作七星勢也，其姿態有類北斗七星，故名。

【姿勢說明】

左膝左弓，右足左進半步，足跟點地，置左足側。

圖 2-66　摟膝指襠捶

全體重心，移於左足。同時左右手立掌垂肘交叉移至胸前，右手外而左手內，大指均與喉齊。（圖 2-67）

【應用說明】

方敵擊我，我以左手外摟敵臂。敵抽身思遁，我即乘勢上步，以右手進擊其胸。

退步跨虎

【略釋】

退步跨虎者，身體下踞，有若伏虎之狀。

【姿勢說明】

右足右退半步，膝微屈，左足右撤，足尖點地，置右足側。全體重心，移於右足。同時左右手下落，向前後分開，兩臂均與肩平，成一直線。惟左手下垂作鈎狀，右手立掌，掌心向前。（圖 2-68）

【應用說明】

敵以右足踢我下部，我以左手向外摟開，復以右手乘勢擊敵之脅。

圖 2-67　上步七星

圖 2-68　退步跨虎

轉身雙擺蓮

【略釋】

轉身雙擺蓮者,將身旋轉,雙手起舞,同時雙腳旁踢,開而復合也。

【姿勢說明】

右手立掌移至左肩前,以右足為軸,身體由左而前而右而後,至仍面左方止。左足側隨之由後而左而前,至右足之右方落下。同時右手立掌向前方伸出,掌與肩平,左手立掌移至右肩前。然後右足提起,自後而左而前旁踢之,左右手自前而後先後拍右足面。而後兩手握拳,置於左肋側,右足向左前方落下。(圖2-69)

圖 2-69　轉身雙擺蓮

【應用說明】

敵之擊我,我轉身以避敵人之擊,復用手撥開敵手,而以足從旁踢之。

彎弓射虎

【略釋】

彎弓射虎之動作,有若獵夫騎馬張弓射虎之狀。

【姿勢說明】

右足向左前方開一步,弓膝,左腿蹬直。全體重心,移於右足。同時雙拳拳眼上下相對,右拳上而左拳下,徐徐移至胸前。然後由前而左循半圓形向左方伸出,右拳約與頂齊,左拳

約與胸齊，拳眼仍上下相對。
（圖2-70）

【應用說明】

敵以左手擊我，我以右手捋之；敵欲後撤其臂，我順其力而放之。

合太極

【略釋】

合太極者，諸勢練習既畢，動靜歸一，復還其始也。

圖2-70　彎弓射虎

【姿勢說明】

左足左上一步，右足向左並步，身體自左而前旋轉之，面向前方，身體直立，雙臂下垂，復還原太極勢。（圖2-71）

圖2-71　合太極

太極拳打手論

　　打手者，研究懂勁之法也。先師曰：「由著熟而漸悟懂勁，由懂勁而階級神明。」旨哉言乎！夫究宜如何能著熟？宜如何始悟懂勁？宜如何階級神明？此著者僅就二十餘年來研究所得，不得不貢獻於我同好者也。

　　夫太極拳之各勢既以練習，則當首先注意姿勢之是否正確、動作能否自然，待其既正確且自然矣，然後進而練習應用。應用既皆純熟，斯可謂著熟也矣。

　　雖然，此不過彼往我來之一勢一用而已耳。若彼連用數法，或因我之著而變化之，斯時也，則如之何？於是乎懂勁尚焉。

　　夫懂勁者，因己之不利處，推及彼之不利處也。方我之欲擊敵也，心中必先具一念，然後始擊之也。反是，彼能無此一念乎？雖智愚賢不肖異等，而其先具之一念，未嘗異也。

　　故彼念既興，我念亦起。真偽虛實，難測異常。苟無一定之主宰，則必至於張皇失措。方恐應敵之不暇，尚何希其致勝哉！

　　雖然，當擊彼之念既起，則當存心彼我之著法孰速；欲擊之目的孰當；彼未擊致我身也，可否引其落空；或我之動作是否能動於彼先；待既擊致我身也，宜如何變其力之方向，使落不及我身；或能因彼之力，而使其力折回而還彼身。此等存心，究宜如何始能得之，蓋因我之某處懼彼之擊也，彼之某處亦懼

我之擊，此明顯之理也。然而避我之怕擊處，擊彼之怕擊處，則彼欲勝，豈可得乎？孫子曰：「知己知彼，百戰不殆。」此之謂也。

方此時也，再能默識揣摩，漸至周身之不隨意筋，亦能隨意活動。全體各部，均能發現一種反射運動。自頭至足，無一處不輕靈、無一處不堅韌、無一處不沉著、無一處不順遂。通體貫串，絲毫無間。自能心恬意靜，變化環生。故擊敵之際，彼力離而未發，既能知其將發，彼何處欲動，既能知其將動。其心之所至，無不知之。此皆由於明乎運動發勁之理、剛柔動靜之機所致也。

蓋一動無有不動，一靜無有不靜，虛實分清，自能知其所以然矣。然後因力致勝、假力致勝、順力致勝、逆力致勝、分力致勝、合力致勝，久而久之感物而動，遇力便曉。

無論彼所用之力，為直線、為曲線、為彈簧線、為螺旋線，而我以無形無象、全身透空之身，加以出其不意之方法、輕靈奇巧之步法、閃展騰挪之身法、出入神速之手法，使敵瞻前忽後、仰高鑽堅、虛實莫辨、應付為艱。

當此時也，敵欲攻，而不得逞，敵欲逃，而不得脫。黃主一先生所謂「不用顧盼擬合，信手而應、縱橫前後、悉逢肯綮」者，其太極拳打手之謂乎？斯時也，可謂懂勁矣！

懂勁後，愈練愈精，乃至捨己從人，隨心所欲，不思而得，從容中道，非達於神明矣乎？學者，果能盡心研究之，則玄玄之理，有不斯然而然者。

雖然太極拳之妙用，三豐、宗岳諸先師已論之詳矣！故不復云。然數百年來，能闡明其旨者，誰乎？要之，後有好事者，庶可因是而得之也。

太極拳打手歌

　　輕靈活潑求懂勁，陰陽既濟無滯病，若得四兩撥千斤，開合鼓盪主宰定。掤捋擠按須認真，上下相隨人難進，任他巨力來打我，牽動四兩撥千斤，引入落空合即出，沾連黏隨不丟頂。採挒肘靠更出奇，行之不用費心思。果能輕靈並堅硬，得其環中不支離。

　　彼不動，己不動。彼微動，己先動。似鬆非鬆，將展未展，勁斷意不斷。

太極拳打手法說明

　　太極拳之諸勢既已用畢，應用亦有端倪，乃可作進一步之研究，於是乎打手法尚焉。

　　夫打手者，二人互相對推，借習運勁發勁之理、剛柔變化之機，先求己之不利處，然後制人，乃再因己之不利而制人。

　　雖然，談之為易，行之為艱。非有心法，胡可得也？余研究打手有年矣。師友過訪，何千百計，然而剛者有之，柔者有之，能得其剛柔相濟者，蓋不多見也。於是不揣愚陋，擇其柔剛既濟之法，簡而易學之方，作圖立說，聊備有志之士，為入道之門云爾。

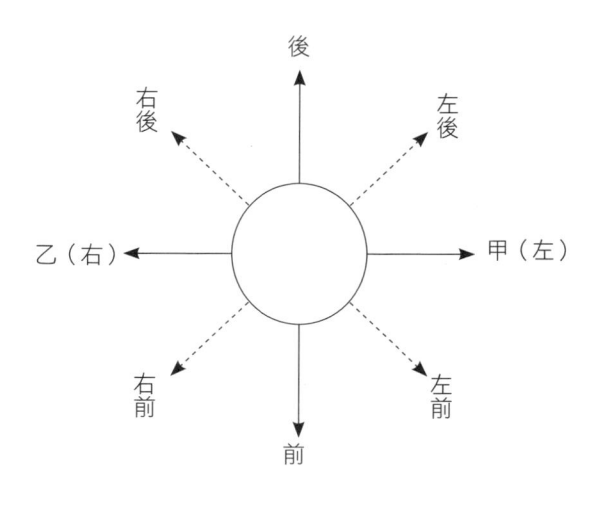

太極拳打手方向圖

太極拳打手法之基本坐腿法一

【姿勢說明】

　　身體面右而立作太極勢，然後左足向右方邁出一步，足跟點地，足尖翹起，膝微屈，右足不動，而腿下坐。全體重心，移於右足。惟須立身中正，頭正頸直，涵胸拔背，裹襠護臀。兩臂立掌垂肘向右方提起，漸漸移至胸前，左手五指向上，掌心向後方，大指約與鼻齊。右手五指向上，掌心向前方，置於左手與胸之間。惟大指約與喉齊。

　　虛領頂勁，氣沉丹田，中立不倚，忽隱忽現，全體輕靈活潑，出於自然，勿令絲毫遲滯耳。（圖 2-72）

圖 2-72　基本坐腿法一

太極拳打手法之基本坐腿法二

【姿勢說明】

　　身體面右而立作太極勢，然後右足向右方邁出一步，足跟點地，足尖翹起，膝微屈，左足不動，而腿下坐。全體重心，移於左足。惟須立身中正，頭正頸直，涵胸拔背，裹襠護臀。兩臂

圖 2-73　基本坐腿法二

立掌垂肘向右方提起，漸漸移至胸前，右手五指向上，掌心向前方，大指約與鼻齊。左手五指向上，掌心向後方，置於右手與胸之間。惟大指約與喉齊。

虛領頂勁，氣沉丹田，中立不倚，忽隱忽現，全體輕靈活潑，出於自然，勿令絲毫遲滯耳。（圖 2-73）

太極拳打手法之基本搭手法一

【姿勢說明】

甲乙二人左右對面而立，同作基本坐腿法一，相距約一步遠。然後甲之右腕與乙之右腕相搭，甲之左手貼乙之右肘，乙之左手貼甲之右肘。

惟須神舒體靜，處處輕靈，以待敵之變化耳。（圖 2-74）

圖 2-74　基本搭手法一

太極拳打手法之基本搭手法二

【姿勢說明】

甲乙二人左右對面而立，同作基本坐腿法二，相距約一步遠。然後甲之左腕與乙之左腕相搭，甲之右手貼乙之左肘，乙之右手貼甲之左肘。

惟須神舒體靜，處處輕靈，以待敵之變化耳。（圖 2-75）

圖 2-75　基本搭手法二

掤捋擠按打手法

掤捋擠按者,四正方練習應敵之法也。為太極拳中之最重要者。然已往諸賢名著,只載其名,而於練習之法,如何應用,未曾提及。以致學者無從學起。

今用科學方法將諸法分析說明,待其根基既立,然後從事於採挒肘靠打手法之練習,庶不至望洋興嘆也。

掤之打手法一

【略釋】

掤者,捧也,敵擊我,而我因彼力斜上方捧之,使其力復還於其身,而不得下降也。

【姿勢說明】

甲乙二人左右對面而立,同作基本搭手法一,則甲以右腕搭乙之右腕,甲之左手貼乙之右肘,向乙身之斜上方掤去,同時甲之左膝右弓,右腿蹬直,全體重心,移於左足,面向右方,目注乙面。(圖 2-76)

【應用說明】

敵為我掤起,則失其固有之能力,我向右上方承其力而拋擲之。

圖 2-76　掤之打手法一

掤之打手法二

【略釋】

同前。

【姿勢說明】

甲乙二人左右對面而立，同作基本搭手法一，則乙以右腕搭甲之右腕，乙之左手貼甲之右肘，向甲身之斜上方掤去，同時乙之左膝左弓，右腿蹬直，全體重心，移於左足，面向左方，目注甲面。（圖 2-77）

【應用說明】

同前，惟右上方為左上方。

掤之打手法三

【略釋】

見前。

【姿勢說明】

甲乙二人左右對面而立，同作基本搭手法二，則甲之左腕搭乙之左腕，甲之右手貼乙之左肘，向乙身之斜上方掤去，同時甲之右膝右弓，左腿蹬直，全體重心，移於右足，面向右方，目注乙面。（圖 2-78）

【應用說明】

同前一。

圖 2-77　掤之打手法二

圖 2-78　掤之打手法三

掤之打手法四

【略釋】

見前。

【姿勢說明】

甲乙二人左右對面而立，同作基本搭手法二，則乙以左腕搭甲之左腕，乙之右手貼甲之左肘，向甲身之斜上方掤去，同時乙之右膝左弓，左腿蹬直，全體重心，移於右足，面向左方，目注甲面。（圖 2-79）

【應用說明】

同前二。

圖 2-79　掤之打手法四

捋之打手法一

【略釋】

捋者，舒也，敵掤我，我向斜下方捋之，以舒其力。

【姿勢說明】

由掤之打手法一，則乙既為甲掤起，乙即涵胸，將身向後微移，用右手攬甲之右腕，左手貼甲之右肘，向前下方捋之。同時乙之左足尖翹起，右腿下踞，全體重心，移於右足。面向左方，目注甲面。（圖 2-80）

圖 2-80　捋之打手法一

【應用說明】

方我被敵掤起之時，我即因彼之力，向前下方順其力而捋之。

捋之打手法二

【略釋】

同前。

【姿勢說明】

由掤之打手法二，則甲既為乙掤起，甲即涵胸，將身向後微移，用右手攬乙之右腕，左手貼乙之右肘，向後下方捋之。同時甲之左足尖翹起，右腿下蹲，全體重心，移於右足。面向右方，目注乙面。（圖 2-81）

圖 2-81　捋之打手法二

【應用說明】

同前，惟前下方為後下方。

捋之打手法三

【略釋】

見前。

圖 2-82　捋之打手法三

【姿勢說明】

由掤之打手法三，則乙既為甲掤起，乙即涵胸，將身向後微移，用左手攬甲之左腕，右手貼甲之左肘，向後下方捋之。同時乙之右足尖翹起，左腿下蹲，全體重心，移於左足。面向左方，目注甲面。（圖 2-82）

【應用說明】

同前二。

将之打手法四

【略釋】

見前。

【姿勢說明】

由掤之打手法四，則甲既為乙掤起，甲即涵胸，將身向後微移，用左手攬乙之左腕，右手貼乙之左肘，向前下方将之，同時甲之右足尖翹起，左腿下蹲，全體重心，移於左足。面向右方，目注乙面。（圖 2-83）

圖 2-83　将之打手法四

【應用說明】

同前一。

擠之打手法一

【略釋】

擠者，排也，敵之以雙手将我，我將肱平屈而排擠之，使敵之雙手均避於懷內，而不得移動。

圖 2-84　擠之打手法一

【姿勢說明】

由将之打手法一，則甲因乙之将，即將右肱平屈，向乙胸間擠去，避其雙手於懷內，同時將左手按右肱以助其勢。並將左膝右弓，右腿蹬直，全體重心，移於左足。面向右方，目注

乙面。（圖 2-84）

【應用說明】

敵捋我右臂，我將右肱平屈，因彼之捋力，向敵胸間擠去，以避敵之雙手，然後以左手助右肱而拋擲之。

擠之打手法二

【略釋】

同前。

【姿勢說明】

由捋之打手法二，則乙因甲之捋，即將右肱平屈，向甲胸間擠去，避其雙手於懷內，同時將左手按右肱以助其勢。並將左膝左弓，右腿蹬直。全體重心，移於左足。面向左方，目注甲面。（圖 2-85）

【應用說明】

同前。

圖 2-85　擠之打手法二

擠之打手法三

【略釋】

見前。

【姿勢說明】

由捋之打手法三，則甲因乙之捋，即將左肱平屈，向乙胸間擠去，避其雙手於懷內，同時將右手按左肱以助其勢，並將右膝右弓，左腿蹬直。全體重心，移於右足。面向右方，目注乙面。（圖 2-86）

圖 2-86　擠之打手法三

【應用說明】

見前二，惟左手助右肱為右手助左肱。

擠之打手法四

【略釋】

見前。

【姿勢說明】

由捋之打手法四，則乙因甲之捋，即將左肱平屈，向甲胸間擠去，避其雙手於懷內，同時將右手按左肱以助其勢，並將右膝左弓，左腿蹬直。全體重心，移於右足。面向左方，目注甲面。（圖2-87）

圖2-87 擠之打手法四

【應用說明】

同前三。

按之打手法一

【略釋】

按者，抑也，敵擠我，我下按而抑其力，使其力不能上騰。

【姿勢說明】

由擠之打手法一，則乙既被甲擠起，乙即涵胸垂肘，雙手下按，以抑其力。同時左膝左弓，右腿蹬直，全體重心，移於左足。面向左方，目注甲面。（圖2-88）

圖2-88 按之打手法一

【應用說明】

敵以右肱擠我，我即涵胸，將手下按，以抑其力。待其力既空，然後再拋擲之。

按之打手法二

【略釋】

同前。

【姿勢說明】

由擠之打手法二，則甲既被乙擠起，甲即涵胸垂肘，雙手下按，以抑其力。同時左膝右弓，右腿蹬直，全體重心，移於左足。面向右方，目注乙面。（圖 2-89）

圖 2-89　按之打手法二

【應用說明】

同前。

按之打手法三

【略釋】

見前。

【姿勢說明】

由擠之打手法三，則乙既被甲擠起，乙即涵胸垂肘，雙手下按，以抑其力。同時右膝左弓，左腿蹬直，全體重心，移於右足。面向左方，目注甲面。（圖 2-90）

圖 2-90　按之打手法三

【應用說明】

見前。

按之打手法四

【略釋】

見前。

【姿勢說明】

由擠之打手法四,則甲既被乙擠起,甲即涵胸垂肘,雙手下按,以抑其力。同時右膝右弓,左腿蹬直,全體重心,移於右足。面向右方,目注乙面。(圖 2-91)

【應用說明】

見前。

太極拳打手法之基本搭手法三

甲乙二人左右對面而立,相距約一步遠,同作太極勢。然後甲乙各將右臂抬起,甲之右腕與乙之右腕相搭,甲之左手貼乙之右肘,乙之左手貼甲之右肘,身體直立,目均平視。(圖 2-92)

圖 2-91 按之打手法四　　　圖 2-92 基本搭手法三

太極拳打手法之基本搭手法四

甲乙二人左右對面而立，相距約一步遠，同作太極勢。然後甲乙各將左臂抬起，甲之左腕與乙之左腕相搭，甲之右手貼乙之左肘，乙之右手貼甲之左肘，身體直立，目均平視。（圖 2-93）

採挒肘靠打手法

採挒肘靠打手法者，四隅角練習應敵之法也。然而此法周行四隅，動作較為複雜。故當今國術同好，能者亦甚罕睹，茲用科學方法，將諸法一一分析說明，使學者一目瞭然，循序漸進，不難達於神明也。

圖 2-93　基本搭手法四

採之打手法一

【略釋】

採者，摘也，擇而取之之謂，蓋禦敵之時，將敵人之力，向旁牽引，如選物者，先擇而後取之，轉置他方之意也。

【姿勢說明】

甲乙二人左右對面而立，同作基本搭手法三。甲則以右手攬乙之右腕，左手貼乙之右肘，向左後下方採之。同時甲將右足向左後方開一步，雙腿下蹲，全體重心，移於兩足間之中點，面向右後方，目注乙面。

乙將左足向左後方開一步，右足向甲襠中插入一步，足跟

點地,足尖翹起。同時將右臂向左後下方伸出,左手撫右肱以助之。面向左前方,目注甲面。全體重心,移於左足。(圖2-94)

【應用說明】

敵人欲捋我右臂,我平移敵人之力而採之,或擊或擲,皆由我便。

圖2-94 採之打手法一

採之打手法二

【略釋】

見前。

【姿勢說明】

甲乙二人左右對面而立,同作基本搭手法四。甲則以左手攬乙之左腕,右手貼乙之左肘,向左前下方採之。同時將左足向左前方開一步,雙腿下蹲,全體重心,移於兩足間之中點。面向右前方,目注乙面。

乙將右足向左前方開一步,左足向甲襠中插入一步,足跟點地,足尖翹起。同時將左臂向左前下方伸出,右手撫左肱以助之。面向左後方,目注甲面。全體重心,移於右足。(圖2-95)

圖2-95 採之打手法二

【應用說明】

同前,惟右臂為左臂。

捌之打手法一

【略釋】

捌者,以手執物而力轉之,蓋禦敵之時,轉移敵人之力,還擊其身也。

【姿勢說明】

由採之打手法一,則甲用左手按乙之左腕,右手貼乙之左肘向下按之。同時甲之右足向右後方開一步,左足由乙之右足外提起,向乙之襠中插入一步,足跟點地,足尖翹起。同時左臂向右後下方伸出,右手撫左肱以助之。面向右前方,目注乙面。全體重心,移於右足。

圖 2-96 捌之打手法一

乙則將左足向右後方開一步,雙腿下踞,全體重心,移於兩足間之中點。同時左手攬甲之左腕,右手貼甲之左肘,向右後下方捋之。面向左後方,目注甲面。(圖 2-96)

【應用說明】

敵因我之採力,以肩肘來靠我胸,我轉移其力之方向,使敵人之力,還擊於其身。

捌之打手法二

【略釋】

見前。

【姿勢說明】

由採之打手法二,則甲用右手按乙之右腕,左手貼乙之右

肘向下按之。同時甲之右足由乙之左足外提起，向乙之襠中插入一步，足跟點地，足尖翹起，全體重心，移於左足。同時右臂向右前下方伸出，左手撫右肱以助之。面向右後方，目注乙面。

乙將右足向右前方開一步，雙腿下蹲，全體重心，移於兩足間之中點。同時右手攬甲之右腕，左手貼甲之右肘，向右前下方捋之。面向左前方，目注甲面。（圖2-97）

圖2-97　捌之打手法二

【應用說明】

同前。

肘之打手法一

【略釋】

肘者，臂之彎曲處之外側也，應敵之時，因彼之捌力，乘勢以肘擊敵也。

【姿勢說明】

由捌之打手法一，則甲將左臂上撥，同時將左足抽出，向左前方開一步，雙腿下蹲，全體重心，移於兩足間之中點。並以左手攬乙之左腕。右手貼乙之左肘，向左前下方捋之。面向右前方，目注乙面。

乙因甲之撥力，用左掌向甲之面部撲擊，並以右手按甲之左肘，向左前下方捌之。同時右足向左前方開一步，左足向甲

襠中插入一步，足跟點地，足尖翹起。左臂向左前下方伸出，以右手撫左肱以助之。面向左後方，目注甲面。（圖 2-98）

【應用說明】

敵既將我挒起，我因其力向前進身，乘勢以肘擊敵之胸。

肘之打手法二

【略釋】

見前。

【姿勢說明】

由挒之打手法二，則甲將右臂上撥，同時將右足抽出，向左後方開一步，雙腿下踞，全體重心，移於兩足間之中點。並以右手攬乙之右腕。左手貼乙之右肘，向左後下方捋之。面向右後方，目注乙面。

乙因甲之撥力，用右掌向甲之面部撲擊，並以左手按甲之右肘，向左後下方挒之。同時左足向左後方開一步，右足向甲襠中插入一步，足跟點地，足尖翹起。右臂向左後下方伸出，以左手撫右肱以助之。面向左前方，目注甲面。（圖 2-99）

【應用說明】

同前。

圖 2-98　肘之打手法一

圖 2-99　肘之打手法二

靠之打手法一

【略釋】

靠者，依他物以為安固之謂，於應敵之際，因敵力向前進身，乘勢以肩靠之。

【姿勢說明】

由肘之打手法一，則甲以右手按乙之右腕，左手貼乙之右肘，向下按之，同時甲之右足由乙之左足外提起，向乙之襠中插入一步，足跟點地，足尖翹起。全體重心，移於左足。同時右臂向右前下方伸出，左手撫右肱以助之，面向右後方，目注乙面。

乙將右足向右前方開一步，雙腿下蹲。全體重心，移於兩足間之中點。同時右手攬甲之右腕，左手貼甲之右肘，向右前下方将之。面向左前方，目注甲面。（圖 2-100）

【應用說明】

敵採我，我即因彼之力，以肩靠敵之胸。

圖 2-100　靠之打手法一

靠之打手法二

【略釋】

見前。

【姿勢說明】

由肘之打手法二，則甲以左手按乙之左腕，右手貼乙之左肘，向下按之，同時甲之左足由乙之右足外提起，向乙之襠中插入一步，足跟點地，足尖翹起。全體重心，移於右足。同時左臂向右後下方伸出，右手撫左肱以助之。面向右前方，目注乙面。

乙將左足向右後方開一步，雙腿下踞，全體重心，移於兩足間之中點。同時左手攬甲之左腕，右手貼甲之左肘，向右後下方将之。面向左後方，目注甲面。（圖 2-101）

【應用說明】

同前。

圖 2-101　靠之打手法二

內家拳太極功玄玄刀

總　論

　　吾國開化最早，幅員之廣，人口之眾，物產之豐，甲於世界，宜可以臻於富強，雄視宇內矣。然至今日，衰弱至此，其故何哉？雖其病原恐多，究其主因，則在國民體質之不強健、精神之不振作故也。

　　語曰：「健全之精神，恆宿於健全身體之中。」然則無健全之身體，即無健全之精神也明矣。既無健全之精神，欲求鑽究科學，應付環境，以競存於現世，豈可得乎？此所以病夫之國，恆致外侮；羸弱之民，難充捍衛，人為刀俎，我為魚肉矣！

　　哀哉！著者有鑒於此，遂發憤提倡國術，自強不息，並期喚醒國人，毋再偷惰因循，泄泄沓沓，必須群策群力，一德一心，共為國術之運動，使國民之身體與精神，俱臻於健全之地位，則偉大之創作與建設，自有成功之希望。西人稱吾國為睡獅，殆將一吼而躍起矣！

　　昔黃帝有導引之術，開國術之端，三代盛時，羽鈚干戈，童而習之。蓋所以強族強種，衛身衛國也。厥後專制帝王，不加提倡，惟恐國民一具健全之身體與精神，倘不滿於朝廷施措之時，無以應付，於是有重文輕武之舉。迨以文取士之制既定，則國民終身埋沒於詞章帖括之中，對於身體之健強，已無暇顧及矣。此國家之提倡如此也。

　　至於國民之本身，鑒於國家之忽視，則賢者不屑為，為之者，非赳赳武夫，即椎魯細民。率皆不學無識者流，別派分支，

私立門戶。間有獨得之妙，即秘而不宣，以為無上真諦。蓋恐後之學者，其將優於我也。

殊不知「聞道有先後，術業有專工」「師不必賢於弟子」，何況學無止境，愈研愈精，豈可閉門造車，管中窺豹耶？甚有囿門戶之見，入主出奴，互相仇視者，更不足論矣。既不能公開講習，又不能筆之於書，中人以上，見其如此，又焉得虛心而問津者焉？此吾國武術墮落之一大原因也。

雖然，當今提倡國術之方針，果宜如何耶？必當去已往之惡例、除門戶之偏見、破秘守之陋習、闡公開之風氣。採用科學方法而歸納之，使全民均有練習國術之機會。於國術本身亦務使其合乎動力與心理，本諸生理與衛生。不拘時間，不限地方，不費金錢，不尚拙力，不論老弱婦孺，均可練習，則國術之地位因之日益增高，其原理日漸明確，其功用日益顯著矣！此非達到國術科學化，團體化與平民化也哉？

至於歐美式之運動，固亦強身之一道。也然其動作激烈，設備複雜，未免失之於貴族化，故不足取也。且在同一之時間與地方，不能使全體同時練習，已失去練習機會均等之原則。至若歐美式體操，固能多數人同時練習，乃因其逕走直線，與生理諸多乖謬（詳見大東書局出版《太極操》中），亦未能盡美盡善。

倘自今以往，國人能全體一致，提倡國術，互相探討，加緊鍛鍊，不出十年，國民體質，均可強健。則健全之國家，亦可因之而產出。庶我中華民族，能與世界列強並駕齊驅，帝國主義自然聞風敗走，一切不平等條約，不待廢而自除。此非達到自由平等之地位也歟？

以此論之，國術之宜提倡，固不容緩。然國術種類繁多，

何者有益於身心？何者合乎科學之原理？故於選擇一道，亦為當務之急。昔王漁洋先生曰：「少林為外家，武當張三豐為內家。」黃百家先生云：「自外家至少林，其術精矣，張三豐既精於少林，復從而翻之，是名內家，得其一二者，已足勝少林。」於斯可見少林為外家之結晶，而內家又為少林之結晶。青出於藍，冰寒於水。故吾提倡國術，自當取其晶英，去其糟粕。

然則提倡內家拳似較外家為宜耳。誠以張三豐先生既精於外家與少林，復能加意陶冶，融會貫通，斯為內家，實為上乘。予以為提倡國術，自應不尚險、不矜奇。簡而易學，用之不盡，庶易普及，而健康可期。夫內家拳者，固亦有多種焉。而今尚存於世者，惟有太極功耳。

夫太極功者，養生之唯一良法也。以意氣為主，以骨肉為賓，身心兼顧，無過不及。至其練習既久，則身體本乎天然優美之發育。非似其他拳法之偏於局部，作畸形發展。及其變化既通，則周身之不隨意肌亦能隨意活動，全體各部，均能發現一種反射運動。自頭至足，無一處不輕靈、無一處不堅韌、無一處不沉著、無一處不順遂。通體貫串，絲毫無間。自然心恬意靜，變化環生。

故內家拳者，研究變化者也；外家拳者，研究方法者也。變化如循環之無端，方法有時而窮盡。兩者相比，自有天壤雲泥之別焉。且內家拳有神有形，形在外而神蓄其中。故其舉止靈敏，動作迅速，進退顧盼，無往不利者，其神全也。

孫子曰：「兵聞拙速，未睹巧之久也。」然則內家拳豈不然乎？其所以示人以慢者，惟恐初學者貪快，姿勢不易正確，動作不易自然。至其運用已熟，進退得體，攻守得當，敵速則速，敵慢則慢，所謂因敵變化，以示神奇。其內家拳之謂乎？

至於內家拳之源流與學理、姿勢與應用，已詳論於《科學化的國術太極拳》中，已在商務印書館出版。故不多述。惟刀劍諸法，世少其傳。曩昔攻城野戰，莫不恃器械以致勝。故研究國術者，對於刀劍諸法，亦不可不知。

予陋甚，醉心國術，二十餘年，嘗思多所撰述，以廣流傳，無如每以事牽，時作時輟。民十八（1929）春，草創太極刀法，旋以憂於採薪，未能卒其業。今秋來滬，竟於公餘而草成之，亦一快事也。

予刀法既成，適值同道諸公，函請付梓，督促甚急，予亦不揣愚陋，僅就管見所及，筆之於書，命名為《內家拳太極功玄玄刀》。蓋玄玄者，無窮之意也。又張三豐先師之道號也。以示後之學者，知刀法之傳自三豐先師始，而其變化，玄之又玄，奧妙無窮也。且刀法之名目，久已失傳，無法可考。予乃按其各勢之形態與應用之方法，互相參酌，為之一一擬訂。至其如何練習？如何應用？均分述之於後。聊備有志國術者，作為參考而已。

雖然，近世發明火器，攻堅射遠，勢足嚇人。然而酣戰之際，肉迫交綏，亦恆賴乎白刃。故玄玄刀者，仍能作火器之後盾也哉！是為論。

各 論

　　玄玄刀為口授之學，名目失傳已久矣。故姿勢應用，亦因人而不同。有以平易為貴者，有以險奇為能者，初學無所適從。予選其姿勢簡而易學，與夫便於瞭解者存之，按勢各擬訂一名。並加姿勢應用等說明，使初學循序漸進，摹而仿之，既有規矩之可循，又饒變化之興趣。果能玩索有得，不難達於神而明之，奧妙無窮也。謹將玄玄刀分勢作圖立說如下，以備有志刀法者，知所問津焉。

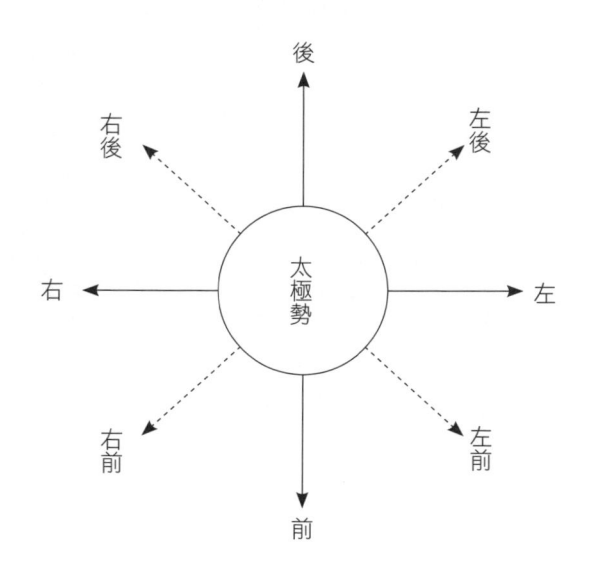

方向圖

太極勢

【姿勢說明】

身體直立,面向前方。頭正,頸直,涵胸,拔背,兩臂從容下垂,左手捧刀,刀柄置左胯旁邊,刀刃向前,刀尖向上,但刀背務須與左臂貼著。右手五指向前,掌心向下按,置於右胯旁邊。兩足平行分開,中間距離以肩為度。目平視。(圖 3-1)

圖 3-1　太極勢

攬雀尾一

【姿勢說明】

左足前上一步,膝前屈。右足不動,腿向下坐。全體重心,均在右足。同時左手捧刀提至胸前,刀刃向上,刀尖向左,刀柄在右肩前。右手提起,至胸與刀之中間為止,五指向上,掌心向前。身體中正安舒,目平視。(圖 3-2)

攬雀尾二

【姿勢說明】

左足尖向右前方移動(即 45°角),右足向右方上一步(即 90°角),足跟著地,足尖翹起。身體轉向右方。全體重心,均在左足。同時左手捧刀向右方微移動,刀柄向右,刀刃向上,刀尖向左。右手垂肘立掌向右方伸出,大指約

圖 3-2　攬雀尾一

圖 3-3　攬雀尾二　　　　　　圖 3-4　攬雀尾三

與鼻齊。目注右方。（圖 3-3）

攬雀尾三

【姿勢說明】

右手向左下方捋，然後向右方伸出，再由右而後而左轉一半圓，復向右方推出。左手捧刀與右手係同一之動作。刀柄置於右腕旁邊，刀刃向上，刀尖向左。同時右足尖下落，膝向右弓，左腿蹬直。全體重心，移在右足。身體向右方，目平視。（圖 3-4）

上步摟膝

【姿勢說明】

左足向左後方邁一步，膝向左弓，右腿蹬直。全體重心，均在左足。同時左手捧刀摟過左膝，刀柄置於左胯旁邊，刀刃向左，刀尖向上。右手向左方推出。面向左方，目平視。（圖 3-5）

圖 3-5　上步摟膝

分刀式

【姿勢說明】

右手下落至左膝前，然後向外旋轉一圓圈。左手捧刀亦至腹前，即將刀柄交與右手，然後左手即握右腕。刀柄置在左膝之左方，刀刃向左後下方，刀背與左臂相貼，刀尖向右後上方，面向左方，目平視。全體重心，均在左足。（圖 3-6）

圖 3-6　分刀式

閃展看刀式

【姿勢說明】

右足向左前方上一步，弓膝，左腿蹬直。全體重心，均在右足。同時右手持刀上提，

圖 3-7　閃展看刀式

刀柄約與鼻齊，刀刃向左方，刀尖向下垂直。左手立掌垂肘向上提至胸前與刀背平行。身體向左方，目平視。（圖 3-7）

【應用說明】

敵人用槍向我胸間來刺，我即提刀向外支開，以待其變。

左摘星式

【姿勢說明】

左足向左後方進一步，弓膝，右腿蹬直。全體重心，均在左足。同時右手持刀自左而後繞頭一周，然後向左後上方撩出，左手掌撫右腕以助其勢。刀尖向左後上方，刀刃向右後上方，

身體向左後方，目注刀尖。（圖3-8）

【應用說明】

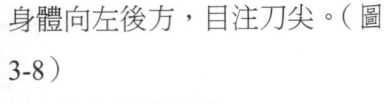

敵人用槍刺我胸部，我用刀掛開，敵抽槍後退，我乘勢進步以刀斬敵之頭。

圖 3-8　左摘星式

右摘星式

【姿勢說明】

右足向左前方進一步，弓膝，左腿蹬直。全體重心，均在右足。同時右手持刀由左後方向右後方下劈，然後向左前方撩出，刀尖向左前上方，刀刃向右前上方。左手仍撫右腕以助其勢。身體向左前方，目注刀尖。（圖 3-9）

圖 3-9　右摘星式

【應用說明】

敵人用槍刺我下部，我用刀將槍向外撥開，然後用刀進斬敵人之頭。

卸步擄刀

【姿勢說明】

右足向右方撤回半步，足尖點地，左腿下坐。全體重心，均在左足。同時右手持刀下擄，刀柄在右膝旁邊，刀尖向左方，刀刃向下。面向左方，目平視。（圖 3-10）

【應用說明】

敵人用槍向我腿部來扎，我卸半步，順槍之扎力用刀擄敵之槍。以待其變。

圖 3-10　卸步擄刀

分心刺

【姿勢說明】

右足向左方進半步，弓膝，左腿蹬直。全體重心，均在右足。同時右手持刀向左方直刺，刀尖向左方，刀刃向下，左手向右方伸出，五指向右，掌心向下。面向左方，目注刀尖。（圖 3-11）

圖 3-11　分心刺

【應用說明】

敵人之槍，既然被我擋著，敵即抽槍以圖變更方法，再來刺我。我乘敵抽槍之際，進步刺敵之胸。

左掛金鈴

【姿勢說明】

右足向右方撤回半步，足尖點地，左腿下坐。全體重心，均在左足。

同時右手持刀自左方向右後方反掛撤回，刀柄置左耳旁邊，刀刃向上，刀尖向左方，左手自右方抽回，掌撫刀柄以助其勢。面向左方，目平視。（圖3-12）

圖3-12　左掛金鈴

【應用說明】

敵人用槍刺我頭部，我用刀向外掛開，以觀敵變。

圖3-13　推窗望月

推窗望月

【姿勢說明】

右足向左方進半步，左足再向左前方上一步，弓膝，右腿蹬直。全體重心，均在左足。同時右手持刀向左前方撩出，刀尖向左前下方，刀刃向左前上方，左手立掌垂肘在刀與胸之間。面向左前方，目注左前上方。（圖3-13）

【應用說明】

敵人抽槍向我腹部扎來，我用刀撩開敵槍，乘勢上步，順槍而進，以撩敵之前手。

回身劈

【姿勢說明】

身體向右後方旋轉，右膝向右後方弓出，左腿蹬直。全體重心，均在右足。同時右手持刀由左前方上提，向右後方劈下，刀柄置右膝前，刀尖向右後下方，刀刃向下。左手撫右腕以助其勢。面向右後下方，目注刀尖。（圖3-14）

圖 3-14　回身劈

圖 3-15　回身撩陰刀

【應用說明】

敵人自身後用槍來刺，我轉身躲過敵槍，用刀劈敵之頭。

回身撩陰刀

【姿勢說明】

身體由右後方向左前方旋轉，右足向左前方進一步，弓膝，左腿蹬直。同時右手持刀由右後方向左前方撩出，刀尖向左前下方，刀刃向左前上方。左手撫右腕以助之。目注刀尖，全體重心，均在右足。（圖3-15）

【應用說明】

敵人自我身後用槍來扎，我轉身閃開敵槍，乘勢上步，用刀斬（斫）敵腿部。

左掛金鈴

【姿勢說明】

右足向前方撤回半步，足尖點地，左腿下坐。全體重心，均在左足。同時右手持刀從左前方向右後方反掛撤回，刀柄置左耳旁邊，刀刃向上，刀尖向左方，左手從左前方撤回，掌撫刀柄以助其勢。面向左方，目平視。（圖3-16）

圖 3-16 左掛金鈴

【應用說明】

敵人用槍刺我頭部，我用刀向外反掛，以待敵變。

圖 3-17 登山遠眺

登山遠眺

【姿勢說明】

左足向左前方上一步，弓膝，右腿蹬直。全體重心，均在左足。同時右手持刀向左前方撩出。刀尖向左前方，刀刃向左前上方，刀柄置右耳側。左手立掌垂肘撫刀柄以助之。面向左前方，目平視。（圖3-17）

【應用說明】

敵人用槍刺我下部，我用刀撩開敵槍，乘勢向前進步，用

刀刺敵之喉。

鷂子翻身

【姿勢說明】

右手持刀不動，身體由右臂下轉出。右足提起，足尖下垂，以左腿直立為軸，自左前方而右方，至面向左後方為止，旋轉三直角。然後右手持刀向右後方抱回。刀尖向左前方，刀刃向上。左手撫刀柄以助之。面向左前方，目注刀尖。（圖3-18）

圖 3-18　鷂子翻身

【應用說明】

敵人用槍刺我背部，我翻身躲開敵槍，雙手抱刀，以觀其變。

大鵬展翅

【姿勢說明】

右足向左前方上

圖 3-19　大鵬展翅

一步，弓膝，左腿蹬直。全體重心，均在右足，同時右手持刀向左前方刺出，刀尖向左前上方，刀刃向上，左手向右後方平伸，面向左前方，目注刀尖。（圖 3-19）

【應用說明】

敵人用槍刺我胸部，我用刀順其槍桿而進，斬敵之頭。

燕子入巢

【姿勢說明】

右腿向右後方平踢,右手持刀由左前方而下向右後方撩出,與右腿平行。刀尖向右後方,刀刃向上,左手撫右腕以助之。面向右後方,目平視。全體重心,均在左足。(圖 3-20)

【應用說明】

敵人用槍自身後來刺,我轉身用足踢開,乘勢以刀撩取敵人之手。

進步攦刀

【姿勢說明】

右右足向右後方進一步,弓膝,左腿蹬直。全體重心,均在右足。同時右手持刀向下沉攦,刀柄置右胯旁邊,刀尖向右後方,刀刃向下。左手立掌垂肘置於胸前,面向右後方,目平視。(圖 3-21)

【應用說明】

敵人用槍刺我下部,我用刀向下攦著敵槍,以觀其變。

迎面刺

【姿勢說明】

左足向右後方進一步,弓膝,右腿蹬直。全體重心,均

圖 3-20 燕子入巢

圖 3-21 進步攦刀

在左足。同時右手持刀向右後方平刺，刀尖向右後方，刀刃向下。左手撫右肱以助之。面向右後方，目平視。（圖 3-22）

【應用說明】

敵人向後抽槍，我乘其抽力，用刀向敵面部刺去。

圖 3-22　迎面刺

翻身藏刀式

【姿勢說明】

身體轉向左方，右足向左前方邁半步，弓膝，左腿蹬直。全體重心，均在右足。同時右手持刀由右後方而後方，而左方，而前方，乃復上提纏頭旋繞一周，然後刀柄置於右胯旁邊，刀尖向左方，刀刃向下。左手立掌垂肘置於胸前。面向左方，目平視。（圖 3-23）

圖 3-23　翻身藏刀式

【應用說明】

敵人自身後用槍刺我下部，我翻身用刀撥開，敵又用槍刺我頭部，我用刀纏頭支開敵槍，將刀藏於胯旁，以待敵變。

指襠刀

【姿勢說明】

右手持刀向左後下方刺出，刀尖向左後下方，刀刃向下，

左手撫右肱以助之，面向左後方，目注刀尖。（圖 3-24）

【應用說明】

敵人向後抽槍，我乘其不備，用刀刺敵之襠。

打虎式

【姿勢說明】

左足向左後方上一步，弓膝，右腿蹬直。全體重心，均在左足。同時右手持刀向左前方下劈，刀尖向左前下方，刀刃向下，左手橫於頂上，以助其勢。面向左前方，目注刀尖。（圖 3-25）

【應用說明】

敵人用槍刺我腰部，我斜上一步以避其鋒，乘勢用刀劈敵。

燕子入巢

【姿勢說明】

右足向左後方平踢，左腿直立。全體重心，均在左足。同時右手持刀向左後方撩出，刀與右腿平行，刀尖向左後方，刀刃向上。左手撫右肱以助之。面向左後方，目平視。（圖 3-26）

圖 3-24 指襠刀

圖 3-25 打虎式

圖 3-26 燕子入巢

【應用說明】

敵人用槍自旁邊來刺，我轉身用足踢開，乘勢以刀撩取敵人之手。

進步攔刀

【姿勢說明】

右足向左後方進一步，弓膝，左腿蹬直。全體重心，均在右足。同時右手持刀向下沉攔，刀柄置於右胯旁邊，刀尖向左後方，刀刃向下。左手立掌垂肘置於胸前。面向左後方，目平視。（圖 3-27）

圖 3-27　進步攔刀

【應用說明】

敵人用槍刺我下部，我用刀向下攔著敵槍，以觀其變。

蒼龍出水

圖 3-28　蒼龍出水

【姿勢說明】

左足向左後方進一步，弓膝，右腿蹬直。全體重心，均在左足。同時右手持刀向左後方平刺，刀尖向左後方，刀刃向下，左手橫掌置於頂上。面向左後方，目平視。（圖 3-28）

【應用說明】

敵人向後抽槍，我乘勢進步，用刀刺敵人之喉。

翻身藏刀式

【姿勢說明】

右足向右後方開一步,弓膝,左腿蹬直。全體重心,均在右足。同時右手持刀上提,然後向右方下落,刀柄置於右胯旁邊,刀尖向右方,刀刃向下。左手立掌垂肘置於胸前。面向右方,目平視。(圖 3-29)

【應用說明】

敵人自身後用槍刺我下部,我轉身用刀撥開,以待敵變。

圖 3-29 翻身藏刀式

上三開式

【姿勢說明】

左腿直立,右膝上提。全體重心,均在左足。同時右手持刀向右方平刺,刀尖向右方,刀刃向下。左手立掌向左方推出。面向右方,目平視。(圖 3-30)

圖 3-30 上三開式

【應用說明】

敵人用槍刺我腿部，我將膝上提以避之，然後用刀進刺敵人之喉。

帶醉脫靴

【姿勢說明】

右腿向右方平踢，同時右手持刀向懷內抱回，刀柄置於胸前，刀尖向右方，刀刃向上。左手撫右腕以助之。面向右方，目平視。（圖3-31）

圖3-31 帶醉脫靴

【應用說明】

敵人用槍刺我胸部，我用刀掛開，乘勢以足踢敵之前手。

推窗望月

【姿勢說明】

右足向右方下落，左足向右後方上一步，弓膝，右腿蹬直。全體重心，均在左足。

圖3-32 推窗望月

同時右手持刀向右後方撩出，刀尖向右後下方，刀刃向右後上方。左手立掌垂肘置於刀與胸之間。面向右後方，目平視。（圖3-32）

【應用說明】

敵人用槍向我腹部刺來，我用刀撩開敵人之槍，乘勢上步，順槍而進，以取敵人之前手。

翻身藏刀式

【姿勢說明】

右足向左前方開半步，弓膝，左腿蹬直。全體重心，均在右足。同時右手持刀上提，然後向左方下擄。刀柄置於右胯旁邊，刀尖向左方，刀刃向下，左手立掌垂肘置於胸前。面向左方，目平視。（圖 3-33）

圖 3-33　翻身藏刀式

【應用說明】

敵人用槍自身後刺我下部，我翻身用刀擄著敵人之槍，以觀其變。

回身劈

【姿勢說明】

左足向左方開一步，身體由左方轉向右方，右腿向右弓膝，左腿伸直。全體重心，均在右足。同時右手持刀上提，向右方下劈。刀柄置於右膝之右方，刀尖向右下方，刀刃向下。左手撫右腕以助之。面向右方，目注刀尖。（圖 3-34）

圖 3-34　回身劈

【應用說明】

敵人用槍自身後刺我腿部，我將腿撤回一步，以避其鋒，然後回身用刀劈以取敵人之頭。

回身撩陰刀

【姿勢說明】

右足向左方上一步，弓膝，左腿蹬直。全體重心，均在右足。同時右手持刀由右方向下，再向左方撩出，刀尖向左下方，

圖 3-35　回身撩陰刀

刀刃向左上方。左手撫右腕以助之。面向左方，目注刀尖。（圖 3-35）

【應用說明】

敵人用槍自身後來刺，我轉身閃開敵人之槍，乘勢上步，用刀撩取敵人之下部。

橫掃千軍

【姿勢說明】

左右腿下蹲，身居中央。全體重心，在兩足間之中點。同時右手持刀提至面前，然後橫刀向左方平掃。刀尖向左方，刀刃向前方。左手向右方平伸，面向左方，目視刀尖。（圖 3-36）

圖 3-36　橫掃千軍

【應用說明】

敵人用槍刺我胸部，我用刀掛開，敵抽槍後退，我乘勢用刀橫掃敵人之頭。

左掛金鈴

【姿勢說明】

右足向右方撤回半步，足尖點地，左腿下坐。全體重心，均在左足。同時右手持刀，從左方向右後方反掛撤回。刀柄置左耳旁邊，刀刃向上，刀尖向左方。左手自右方抽回，掌撫刀柄以助其勢。面向左方，目平視。（圖 3-37）

【應用說明】

敵人用槍刺我頭部，我用刀向外掛開，以觀其變。

推窗望月

【姿勢說明】

右足向左方進半步，左足再向左前方上一步，弓膝，右腿蹬直。全體重心，均在左足。同時右手持刀向左前方撩出，刀尖向左前下方，刀刃向左前上方。左手立掌垂肘置於刀與胸之間。面向左前方，目注左前上方。（圖 3-38）

【應用說明】

敵抽槍向我腹部刺來，我用刀撩開敵槍，乘勢上步，順槍而進，以取敵之前手。

圖 3-37　左掛金鈴

圖 3-38　推窗望月

翻身藏刀式

【姿勢說明】

右足向右後方開半步，弓膝，左腿蹬直。全體重心，均在右足。同時右手持刀由左前方上提，向右方下擸。刀柄置於右胯旁邊，刀尖向右方，刀刃向下。左手立掌垂肘置於胸前。面向右方，目平視。（圖 3-39）

圖 3-39　翻身藏刀式

【應用說明】

敵人自身後用槍來刺，我翻身用刀撥開，將刀藏於胯側，以待敵變。

回身劈

【姿勢說明】

左足向右方上一步，右膝向左弓，左腿伸直。全體重心，均在右足。同時右手持刀由右方上提，向左方下劈。刀柄置於右膝之左方，刀尖向左下方，刀刃向下。左手撫右腕以助之。面向左方，目注刀尖。（圖 3-40）

圖 3-40　回身劈

【應用說明】

敵人用槍自身後來刺我腿，我上步以避之，然後回身用刀劈取敵人之頭。

探海式

【姿勢說明】

右足向右方上一步,弓膝,左腿蹬直。全體重心,均在右足。同時右手持刀由左方向下,再向右方撩出,刀尖向右下方,刀刃向上。左手向左方伸出。面向右方,目注刀尖。(圖 3-41)

圖 3-41 探海式

【應用說明】

敵人用槍自身後刺我下部,我回身閃過敵槍,乘勢上步探取敵之腿部。

撈月式

【姿勢說明】

身體向左方稍移動,然後還原。同時右手持刀由右方上提,向左方、下方,復向右下方反手撩出。刀尖向右下方,刀刃向上。左手撫右腕以助之。面向右方,目注刀尖。全體重心,仍在右足。(圖 3-42)

圖 3-42 撈月式

【應用說明】

敵人用槍向我胸部刺來,我用刀向外掛開,乘勢用刀撩取敵之下部。

卸步擄刀

【姿勢說明】

右足向左方撤回半步，足尖點地，左腿下坐。全體重心，均在左足。同時右手持刀下擄，刀柄置於右膝之側，刀尖向右方，刀刃向下。左手撫右腕以助之。面向右方，目注刀尖。（圖 3-43）

圖 3-43　卸步擄刀

【應用說明】

敵人用槍向我腿部來刺，我卸半步，用刀擄敵之槍，以待其變。

分心刺

【姿勢說明】

右足向右方進半步，弓膝，左腿蹬直。全體重心，均在右足。同時右手持刀向右方直刺，刀尖向右方，刀刃向下。左手向左方伸出，五指向左，掌心向下。面向右方，目注刀尖。（圖 3-44）

【應用說明】

敵人之槍，既然被我擄著，敵即抽槍以圖變更方法，再來

圖 3-44　分心刺

刺我。我乘敵抽槍之際，進步刺敵之胸。

玉環托刀式

【姿勢說明】

右足向右前方開半步，左足再向右前方進一步，弓膝，右腿蹬直。全體重心，均在左足。同時右手持刀由右方抽回，向右前上方推出。刀柄置於頂之右前方，刀尖向右前下方，刀刃向右前上方，左手立掌垂肘置於刀與胸之間。面向右前方，目平視。（圖3-45）

【應用說明】

敵人用槍向我頭部刺來，我用刀向外掛開，乘勢上步，用刀撩取敵之腹部。

七星式

【姿勢說明】

身體由右前方轉向右後方，兩足不動，重心仍在左足。同時右手持刀，向右後方直立下沉。刀柄置於胸前，刀尖向上，刀刃向右後方。左手立掌垂肘置於刀與胸之中間。面向右後方，目平視。（圖3-46）

【應用說明】

敵人用槍從側面刺我胸部，我將身體轉移方向，用刀撥開敵人之槍，以觀敵之變化。

圖3-45　玉環托刀式

圖3-46　七星式

臥虎跳澗

【姿勢說明】

右足向右前方收回半步,未及落地,左足抬起,作一跳步,然後右足落地。右腿下坐,左足向右後方上半步,足尖點地,膝微屈。同時右手持刀由右後方而下,而左前方,而上方,仍向右後方沉擄,刀柄置右胯側,刀尖向右後方,刀刃向下。左手立掌垂肘置於胸前。面向右後方,目平視。(圖 3-47)

圖 3-47 臥虎跳澗

【應用說明】

敵人用槍刺我腿部,我跳步以避之,並用刀向外掛開,以待敵之變化。

迎面刺

【姿勢說明】

左足向右後方邁半步,弓膝,右腿蹬直。全體重心,均在左足。同時右手持刀向右後方刺出,刀與臂成一直線。刀尖向右後方,刀刃向下。左手撫右腕以助之。面向右後方,目注刀尖。(圖 3-48)

圖 3-48 迎面刺

【應用說明】

敵人向後抽槍,我乘勢上步,用刀直刺敵人之面。

臥虎式

【姿勢說明】

身體由右後方轉向左方，左腿下坐，右腿伸直，重心仍在左足。同時右手持刀由右後方向右前方繞頭半周，至左前下方為止。然後向右後上方橫掃，刀柄置於左臂旁邊，刀尖向右上方，刀刃向右後方。左手橫掌置於頂上。面向左方，目平視。（圖 3-49）

圖 3-49 臥虎式

【應用說明】

敵人用槍自我背後刺來，我回身用刀撥開，敵又用槍刺我腹部，我用刀橫掃敵人之槍，以待其變。

圖 3-50 藏刀式

藏刀式

【姿勢說明】

右足向左前方邁半步，弓膝，左腿蹬直。全體重心，均在右足。同時右手持刀，由右後方向左前方下劈。然後將刀上提，繞頭一周，由前方向右方經過左方仍到前方。刀柄置於右胯旁邊，刀尖向左方，刀刃向下。左手立掌垂肘置於胸前。面向左方，目平視。（圖 3-50）

【應用說明】

敵人用槍刺我腿部，我用刀撥開。敵又用槍刺我頭部，我用刀纏頭支出敵槍，將刀藏於腿旁，以觀敵變。

盤龍式

【姿勢說明】

左足向右後方撤半步，左腿下坐。右足向右後方抽回半步，足尖點地。全體重心，均在左足。同時右手持刀，向右後方立刀橫掛，刀尖向上，刀刃向左後方。左手立掌垂肘與刀背相貼。面向左方，目平視。（圖 3-51）

圖 3-51　盤龍式　　圖 3-52　趕步盤龍式

【應用說明】

敵人用槍刺我面部，我用刀外掛敵人之槍，向後退步，以待其變。

趕步盤龍式

【姿勢說明】

右足向左前方開半步，弓膝，腿向下坐。左足亦隨右足上半步，足尖點地。全體重心，均在右足。同時右手持刀不動，左手仍貼刀背。面向左前方，目平視。（圖 3-52）

【應用說明】

敵人之槍既然被我掛著，敵即向後抽槍，另用方法。我乃順敵人之抽力，向前趕步，仍舊掛著敵槍，靜以待變。

雲刀藏刀式

【姿勢說明】

右足向左前方上一步，左足再向左前方上一步，身體轉向

後方，右手持刀向左前方下劈，然後橫刀向右方、後方掃去，同時右腿下坐，左足向後方上半步，足尖點地。右手持刀下攜，刀柄在右胯旁邊，刀尖向後方，刀刃向下，左手立掌垂肘置於胸前。面向後方，目平視。（圖 3-53）

【應用說明】

敵人用槍刺我腿部，我進步用刀撥開，忽然身後槍到，我轉身雲刀以禦之。

護膝劈刀式

【姿勢說明】

左足向後方開半步，右足再向後方上一步，弓膝，左腿蹬直。全體重心，均在右足。同時右手持刀，由左膝旁邊外掛，然後向後方下劈，刀尖向後下方，刀刃向下，左手向前方平伸。面向後方，目平視。（圖 3-54）

【應用說明】

敵人用槍刺我膝部，我用刀向外掛開，乘勢上步，用刀下劈敵人之頭。

圖 3-53　雲刀藏刀式　　圖 3-54　護膝劈刀式　　圖 3-55　左掛金鈴

左掛金鈴

【姿勢說明】

右足向前方撤半步，足尖點地，左腿下坐。全體重心，均在左足。同時右手持刀，向右前方反掛撤回。刀柄在左耳旁邊，刀尖向後方，刀刃向上，左手撫右腕以助之。面向後方，目平視。（圖 3-55）

【應用說明】

敵人用槍刺我頭部，我用刀向外掛開，以觀敵變。

臥魚式

【姿勢說明】

左足向後方上一步，右足再向右後方背一步，雙腿下坐。全體重心，均在左足。同時右手持刀向下沉擄，刀柄在左膝下，刀尖向後方，刀刃向下。左手撫右腕以助其勢。面向後方，目平視。（圖 3-56）

圖 3-56　臥魚式

【應用說明】

敵人用槍向我腿部刺來，我用刀擄著敵槍，以待其變。

藏刀式

【姿勢說明】

身體由後方向左方、前方、右方旋轉一圓周。然後左足向後方開半步，足尖點地，足跟翹起，右足不動而腿下坐。全體重心，均在右足。同時右手持刀向上提起，而後向下沉擄。刀柄置右胯旁，刀刃向下，刀尖向後方。左手立掌垂肘向後方伸出。面向後方，目平視。（圖 3-57）

圖 3-57　藏刀式

【應用說明】

敵人用槍向我頭部刺來，我提刀撥開。將刀藏於腿旁，以待其變。

迎面刺

【姿勢說明】

左足向後方邁半步，弓膝，右腿蹬直。全體重心，均在左足。同時右手持刀向後方平刺，刀與臂成一直線。刀尖向後方，刀刃向下。左手撫右腕以助其勢。面向後方，目注刀尖。（圖 3-58）

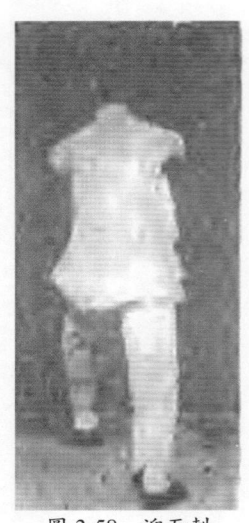

圖 3-58　迎面刺

【應用說明】

敵人向後抽槍，我乘勢上步，用刀直刺敵人之面。

臥虎式

【姿勢說明】

左足向前方退一步，腿向下坐，右足向右方上一步。足尖點地，足跟翹起，膝微屈。全體重心，均在左足。同時右手持刀，由後方向右、向前繞頭一周。然後向左腋下揮出，刀尖向左上方，刀刃向左前下方。左手橫掌置於頂上，面向右方，目平視。（圖 3-59）

【應用說明】

敵人用槍刺我之頭，我用刀撥開。敵又用槍刺我腹部，我用刀橫掃敵人之槍，以待敵人之變。

圖 3-59　臥虎式

臥魚式

【姿勢說明】

右足向右方進半步，左足再向右方邁一步。然後右足向右前方背一步，雙腿下坐。全體重心，均在左足。同時右手持刀向右下方沉擄，刀尖向右方，刀刃向下。左手撫右腕以助其勢。面向右方，目平視。（圖3-60）

圖3-60　臥魚式

【應用說明】

敵人用槍向我腿部來刺，我用刀擄著敵槍，以待其變。

藏刀式

【姿勢說明】

身體由右方向後方、左方、前方旋轉一圓周，右足不動而腿下坐，左足向右方進半步，足尖點地，足跟翹起。全體重心，均在右足，同時右手持刀向下沉擄，刀柄置於右胯旁邊，刀尖向右方，刀刃向下。左手立掌垂肘向右方伸出。面向右方，目平視。（圖3-61）

圖3-61　藏刀式

【應用說明】

敵人用槍刺我腿部，我用刀擄著敵人之槍，以待其變。

分心刺

【姿勢說明】

左足向右方進半步，右足再向右方進一步。弓膝，左腿蹬

圖 3-62　分心刺

直。全體重心，均在右足。同時右手持刀向右方平刺，刀尖向右方，刀刃向下。左手向左方伸出。面向右方，目注刀尖。（圖 3-62）

【應用說明】
敵人之槍，既然被我擄著，敵即撤槍以圖變更方法，再來刺我。我乘敵抽槍之際，進步刺敵之胸。

轉身截刀式

【姿勢說明】
右足向左方背一步，左腿弓膝。全體重心，均在左足。同時右手持刀，由右方向下方、向左下方截去，刀尖向左下方，刀刃向右下方。左手撫右腕以助之。面向左下方，目注刀尖。（圖 3-63）

圖 3-63　轉身截刀式

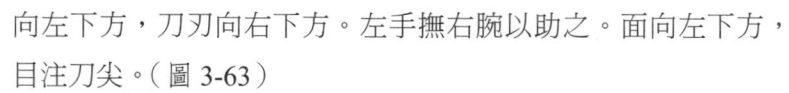

【應用說明】
敵人自身後用槍向我腿部刺來，我轉身用刀截著敵人之槍。

青蛇伏地

【姿勢說明】
左足向左方邁一步，右足再向左方進一步，雙腿下坐。全體重心，在兩足間之中點。同時右手持刀向左方扎出，然後向

下方沉攦。刀柄置於小腹旁邊，刀尖向左方，刀刃向下。左手按刀柄以助其勢，面向左方，目平視。（圖 3-64）

【應用說明】

敵人抽槍，又用槍向我胸部刺來。我用刀攦著敵人之槍，以待其變。

圖 3-64　青蛇伏地

分心刺

【姿勢說明】

右足不動，弓膝，左腿蹬直。全體重心，均在右足。同時右手持刀向左方平刺，刀尖向左方，刀刃向下。左手向右方伸出，面向左方，目注刀尖。（圖 3-65）

圖 3-65　分心刺

【應用說明】

敵人之槍，既然被我攦著，敵即抽槍以圖變更方法，再來刺我。我乘敵抽槍之際，進步刺敵之胸。

回馬提鈴

【姿勢說明】

右足向右方邁一步，弓膝。左足向左下方抬起。全體重心，均在右足。同時右手持刀由左方提起，然後反手向左下方

撩出。刀尖向左下方，刀刃向左上方。左手按右腕以助其勢。面向左下方，目注刀尖。（圖 3-66）

【應用說明】

敵用槍向我腿部刺來，我假作敗勢，乘敵之不備，用刀撩取敵之下部。

圖 3-66　回馬提鈴

斜飛式

【姿勢說明】

左足向右方進一步，弓膝。右腿蹬直。全體重心，均在左足。同時右手持刀，由左下方上提，向上方、右方、下方繞一圓周，然後仍向左下方反手撩出。左手向右上方伸出。面向左下方，目注刀尖。（圖 3-67）

圖 3-67　斜飛式

【應用說明】

敵人抽槍向我胸部刺來，我提刀向外撥開，乘勢用刀撩取敵人腿部。

金針指南

【姿勢說明】

右足向右方撤回半步，足尖點地，足跟翹起。膝微屈，左腿下坐。全體重心，均在左足。同時右手持刀向懷內撤回，刀

柄置於胸前，刀尖向左，刀刃向上。左手按右手以助之。面向左方，目平視。（圖3-68）

【應用說明】

敵人用槍向我胸部刺來，我用刀掛開敵槍，以待其變。

懷中抱月

【姿勢說明】

右足向左方上半步，左足再向左方進一步，雙腿下坐。全體重心，均在右足。同時右手持刀向懷內抱，刀尖向左方，刀刃向上。左手按刀柄以助之。面向左方，目平視。（圖3-69）

【應用說明】

敵人向後抽槍，我乘勢進步，攜著敵槍，以觀敵變。

順水推舟

【姿勢說明】

右足向左方進一步，弓膝，左腿蹬直。全體重心，均在右足。同時右手持刀向左方平刺，刀尖向左方，

圖3-68　金針指南

圖3-69　懷中抱月

圖3-70　順水推舟

刀刃向上。左手按刀柄以助其勢。面向左方，目注刀尖。（圖3-70）

【應用說明】

敵人向後抽槍，我順其力向前進步，用刀直刺敵人之喉。

斜飛式

【姿勢說明】

右足向右後方撤一步，左膝向左弓，右腿蹬直。全體重心，均在左足。同時右手持刀，向右下方反手撩出，刀尖向右下方，刀刃向右後上方，左手向左上方伸出，面向右下方，目注刀尖。（圖3-71）

圖 3-71　斜飛式

【應用說明】

敵人由身後用槍刺我下部，我回身閃開敵槍，乘勢上步，用刀撩取敵人之膝。

提刀探海式

【姿勢說明】

右足向右前方上一步，左足再向右方開一步，弓膝，右腿蹬直。全體重心，均在左足。同時右手持刀，由右下方向下方再向左方提起，然後向右方下劈，刀尖向右方，刀刃向下。左手作鉤，反向左方上提。面向右下

圖 3-72　提刀探海式

方,目注刀尖。(圖 3-72)

【應用說明】

敵人用槍刺我腿部,我閃身用刀掛開敵槍,乘勢上步用刀劈敵人之頭。

卸步閃展式

【姿勢說明】

右腿向左弓,左腿蹬直。全體重心,均在右足。同時右手持刀,反手向左後方抽回,刀尖向右前下方,刀刃向右後上方,左手按刀柄以助其勢。面向右前方,目注刀尖。(圖 3-73)

【應用說明】

敵人抽槍向我腿部刺來,我將身閃開,用刀掛著敵槍,以待敵變。

進步劈刀式

【姿勢說明】

左足向右後方進一步,右足再向右方進一步,弓膝,左腿蹬直。全體重心,均在右足。同時右手持刀,由右前方向左後方上提,然後再向右方下劈。刀尖向右方,刀刃向下。左手按右腕以助其勢,面向右下方,目注刀尖。(圖 3-74)

圖 3-73 卸步閃展式

圖 3-74 進步劈刀式

【應用說明】

敵人用槍刺我頭部，我用刀撥開，向前進步以劈敵人之頭。

左掛金鈴

【姿勢說明】

右足向左方撤回半步，足尖點地，足跟翹起。左足不動而腿下坐。全體重心，均在左足。同時右手持刀，向左前方反手掛回。刀柄置於左耳旁邊，刀尖向右方，刀刃向上，左手撫右腕以助其勢。面向右方，目平視。（圖3-75）

圖 3-75　左掛金鈴

【應用說明】

敵人用槍刺我頭部，我用刀向外掛開，以觀敵變。

推窗望月

【姿勢說明】

右足向右方開半步，左足再向右後方進半步。弓膝，右腿蹬直。全體重心，均在左足。同時右手持刀向右後方撩出，刀尖向右後下方，刀刃向右後上方。左手立掌垂肘置於刀與胸之間。面向右後方，目平視。（圖3-76）

圖 3-76　推窗望月

【應用說明】

敵人抽槍向我腹部扎來，我用刀撩開敵槍，乘勢上步，順槍而進，以撩敵之前手。

青龍獻爪

【姿勢說明】

左足向右前方上一步，右足再向右前方進一步，弓膝，左腿蹬直。全體重心，均在右足。同時右手持刀向右前上方撩出，刀尖向右前上方，刀刃向左後上方。左手按右腕以助其勢。面向右前方，目注刀尖。（圖 3-77）

圖 3-77　青龍獻爪

【應用說明】

敵人用槍向我胸部刺來，我用刀向外支開，乘勢進步撩取敵人之頭。

橫掃千軍

【姿勢說明】

左足向左前方上一步，雙腿下蹲，全體重心在兩足間之中點。同時右手持刀向左方下劈至面前，然後橫刀向右方平掃，刀尖向右方，刀刃向後方。左手向左方平伸。面向右方，目注刀尖。（圖 3-78）

圖 3-78　橫掃千軍

【應用說明】

敵人用槍刺我胸部，我用刀掛開，敵抽槍後退，我即乘勢用刀橫掃敵人之頭。

流星趕月

【姿勢說明】

右足向左方進半步，足尖點地，足跟翹起。左足不動而腿下坐。全體重心，均在左足。同時右手持刀向左上方平削，刀尖向左上方，刀刃向右後上方，左手按右腕以助其勢，面向左方，目注刀尖。（圖 3-79）

【應用說明】

敵人用槍由身旁刺來，我用刀削開敵槍，進步直取敵人之頭。

圖 3-79　流星趕月

斜飛式

【姿勢說明】

右足向左方伸半步，左腿弓膝。全體重心，均在左足。同時右手持刀，向左下方反手撩出。刀尖向左下方，刀刃向前方，左手向右上方伸出。面向左下方，目注刀尖。（圖 3-80）

【應用說明】

敵人抽槍向我胸部刺來，我提刀向外撥開，乘勢用刀撩取敵人腿部。

抱月式

【姿勢說明】

右足向右方撤回半步，足尖點地，足跟翹起，左足不動

圖 3-80　斜飛式

而腿下坐。全體重心，均在左足。同時右手持刀向右方抱，回刀背架於右肘上。刀尖向左方，刀刃向上。左手按刀柄以助其勢。面向左方，目平視。（圖3-81）

【應用說明】

敵人用槍向我頭部刺來，我用刀掛開敵人之槍，以待其變。

圖 3-81　抱月式

乘風破浪

【姿勢說明】

右足向左方進半步，左足再向左方進一步，膝微屈，右腿蹬直。全體重心，均在左足。同時右手抱刀不動，左手立掌向右方伸出。面向右方，目平視。（圖3-82）

【應用說明】

敵人抽槍欲逃，我抱刀進步直刺敵人之胸。

圖 3-82　乘風破浪

分心刺

【姿勢說明】

右足向左方進一步，弓膝，左腿蹬直。全體重心，均在右足。同時右手持刀向左方平刺，刀尖向左方，刀刃向下方，左

手向右方伸出。面向左方,目注刀尖。(圖 3-83)

【應用說明】

敵人之槍,既然被我攦著,敵即撤槍以圖變更方法,再來刺我。我乘敵抽槍之際,進步刺敵之胸。

圖 3-83　分心刺

右摘星式

【姿勢說明】

右足向左前方進一步,弓膝,左腿蹬直。全體重心,均在右足。同時右手持刀交與左手,然後向左前上方撩出。刀尖向左前上方,刀刃向右前上方,右手按左腕以助其勢。面向左前方,目注刀尖。(圖 3-84)

圖 3-84　右摘星式

【應用說明】

敵人用槍刺我下部,我用刀將槍向外撥開,然後用刀進斬敵人之頭。

左摘星式

【姿勢說明】

左足向左後方進一步,弓膝,右腿蹬直。全體重心,均在左足。同時左手持刀向左後上方撩出,刀尖向左後上方,刀刃向右後上方,右手按左腕以助其勢。面向左後方,目注刀尖。(圖 3-85)

圖 3-85　左摘星式

【應用說明】

敵人用槍刺我胸部,我用刀掛開,敵抽槍後退,我乘勢進步以刀斬敵之頭。

卸步擴刀

【姿勢說明】

左足向右方撤回半步,足尖點地,足跟翹起。右足不動而腿下坐。全體重心,均在右足。同時左手持刀下擴,刀柄置左膝旁邊,刀尖向左,刀刃向下,右手按左腕以助其勢。面向左下方,目注刀尖。(圖 3-86)

圖 3-86　卸步擴刀

【應用說明】

敵人用槍向我腿部來扎,我卸半步,順槍之扎力,用刀擴敵之槍,以待其變。

進步崩刀

【姿勢說明】

左足向左方進半步，弓膝，右腿蹬直。全體重心，均在左足。同時左手持刀向左下方崩撩，刀尖向左下方，刀刃向下，右手按左腕以助之。面向左下方，目注刀尖。（圖3-87）

【應用說明】

敵人之槍既被我用刀攦著，乃欲向後抽槍。我乘敵抽槍之機會，進步用刀崩取敵人之下部。

圖3-87　進步崩刀

反臂插秧

【姿勢說明】

右足向左方進一步，左足再向左方背一步，雙膝下屈。全體重心，均在右足。同時左手持刀，反手向左下方下插，刀尖向左下方，刀刃向左上方，右手按刀背以助之。面向左下方，目注刀尖。（圖3-88）

圖3-88　反臂插秧

【應用說明】

敵人用槍刺我胸部，我用刀掛開敵槍，乘勢用刀直刺敵人腿部。

青蛇伏地

【姿勢說明】

身體由左方向後方、右方旋轉之，右足再向右方開半步。雙腿下蹲。全體重心，均在兩足間之中點。同時左手持刀上提，再向左方下劈，將刀交與右手，刀尖向右方，刀刃向下，左手按刀柄以助之。面向右方，目注刀尖。（圖 3-89）

【應用說明】

敵人自身後用槍刺我頭部，我轉身用刀撥開，敵又刺我胸部，我用刀攜著敵人之槍，以待其變。

圖 3-89　青蛇伏地

分心刺

【姿勢說明】

右膝向右方弓出,左腿蹬直。全體重心,均在右足。同時右手持刀向右方平刺,刀尖向右方,刀刃向下,左手向左方伸出。面向右方,目平視。(圖 3-90)

【應用說明】

敵人之槍既被我刀擄著,即向後抽槍,以便再來刺我,我用刀順敵之抽力,直刺敵人之胸。

圖 3-90　分心刺

轉環提籃式

【姿勢說明】

右足向左方退一步,左足再向左方撤半步,足尖點地,足跟翹起,右腿下坐。全體重心,均在右足。同時右手將刀抽回,由右前方下落,向右後方橫掃,然後向背後上提。刀尖下垂,刀刃向左方,左手立掌向右方伸出。面向右方,目平視。(圖 3-91)

圖 3-91　轉環提籃式

【應用說明】

敵人用槍刺我下部，我用刀橫掃敵人之槍，並將我刀伏於背後，以觀其變。

進步提籃式

【姿勢說明】

左足向右方進半步，弓膝，右足亦向右方進一步，足尖點地，足跟提起。全體重心，均在左足。同時右手提刀，仍在背後上提。左掌向右方推出。面向右方，目平視。（圖3-92）

圖 3-92　進步提籃式

【應用說明】

敵人用槍刺我胸部，我進步用左掌推開，以待其變。

雲龍戲水

【姿勢說明】

左足向右方進一步，右足再向右方進一步，然後左足向右方背一步。全體重心，均在左足。

圖 3-93　雲龍戲水

同時右手持刀向右下方下劈，然後向左方上提，再向右下方探出，刀尖向右下方，刀刃向左下方。左手橫掌置於頂上。身體向右方探出，面向右下方，目注刀尖。（圖3-93）

【應用說明】

敵人用槍刺我下部，我進步用刀劈敵之前手。敵抽槍後退，我乘勢用刀掛開敵槍，直取敵之腿部。

翻身劈

【姿勢說明】

身體由右方向前方、左方、後方旋轉一圓圈，左膝向右弓出，右腿蹬直。全體重心，均在左足。同時右手持刀由右下方向左方提起，然後向右方下劈，刀尖向右下方，刀刃向左下方，左手按刀柄以助之。面向右下方，目注刀尖。（圖3-94）

圖 3-94　翻身劈

【應用說明】

敵人用槍刺我背部，我急轉身用刀劈擄敵人之槍。

回身刀

【姿勢說明】

身體由右方向後方、左方旋轉之，右膝向左弓出，左腿蹬直。全體重心，均在右足。同時右手持刀由右下方上提，再向左方下劈，刀尖向左下方，刀刃向右下方，左手向右方伸出。面向左下方，目注刀尖。（圖3-95）

圖 3-95　回身刀

【應用說明】

敵人用槍自身後向我來刺,我回身用刀攔著敵槍,以觀其變。

臥虎式

【姿勢說明】

右足向右方撤回半步,足尖點地,足跟翹起。左足不動而腿下坐。全體重心,均在左足。同時右手持刀向左腋下揮出,刀尖向右後上方,刀刃向左後下方。左手橫掌置於頂上。面向左方,目平視。(圖3-96)

圖 3-96　臥虎式

【應用說明】

敵人用槍刺我胸部,我用刀向外撥開,以觀其變。

藏刀式

【姿勢說明】

右足向左前方進半步,弓膝,左腿蹬直。全體重心,均在右足。同時右手持刀由右後方、向左前方下劈,然後沉攔,刀

圖 3-97　藏刀式

尖向左方,刀刃向下。左手立掌垂肘向左方伸出。面向左方,目平視。(圖3-97)

【應用說明】

敵人用槍刺我腿部,我用刀掛開敵槍,以待其變。

進步交刀式

【姿勢說明】

左足向左方進一步,弓膝,右腿蹬直。全體重心,均在左足。同時右手持刀上提,由前而左而後而右繞頭一周,然後將刀交與左手,刀背與左臂相貼。刀尖向右後上方,刀刃向左後上方。面向左方,目平視。(圖3-98)

圖3-98 進步交刀式

摟膝拗步

【姿勢說明】

左手捧刀由左膝蓋之前方向後方摟出,刀柄置於左胯旁邊。刀尖向上,刀刃向左方,右手立掌垂肘向左方平推。面向

圖3-99 摟膝拗步

左方,目平視。(圖 3-99)

退步收刀式

【姿勢說明】

身體由左方轉向前方,左足向右方並步。全體重心,在兩足間之中點。同時左手捧刀向左方提起,然後向上、向右在身體之前方作一圓圈,再將刀柄置於左胯旁邊。刀尖向上,刀刃向前。右手由左方向下、向右橫掌置於頂上。面向左方,目平視。(圖 3-100)

合太極

【姿勢說明】

頭由左方轉向前方,身體直立,面向前方,目平視。全體重心,在兩足間之中點。同時左手捧刀不動,右手由頂上從容放下,置於右胯旁邊。掌心下按,並不用力。動靜歸一,復還原始。(圖 3-101)

圖 3-100　退步收刀式　　圖 3-101　合太極

結　論

　　以上之姿勢應用，學者業已循序練習。姿勢能否正確，動作能否自然，應用是否純熟，身心能否一致，此為當務之急。果能正確，自然純熟一致矣，則可進一步研究刀法運用之變化。

　　夫刀法者，無運用不足以顯其妙，無變化焉能以明其神。當我應敵之際，敵之優劣，吾不知也。至於手法如何，身法如何，功夫如何，傳授如何，運用如何，變化如何，吾亦不得而知也。欲免張皇失措之弊，必須靜以待之，守而候之，注目而視之，平心而察之。

　　見其神形是否合一？舉止是否敏捷？方法是否靈活？變化是否精通？所持之器械為何？欲攻之目的安在？虛實宜分清楚，進退宜分緩急，則我攻守之計劃，可有成竹於胸矣。然後或攻，或守，或急，或徐，莫不皆有主張。既能避實而擊虛，又能攻其所不備。再用出其不意之手段，輕靈奇巧之步法，閃展騰挪之身法，出入莫測之刀法，則利刃在手，妙算於心，外窺敵之變化，內蓄百倍之精神。形如搏兔之鶩，神似捕鼠之貓，舉動玲瓏，身心兼顧。

　　至於與敵交手之際，刀之出入，大有雲龍見首不見尾之勢，使敵應付為艱，虛實難辨，有如陷入一團混沌初開之玄氣中。當此之時，敵欲攻而不得逞，敵欲逃而不得脫；黃百家先生所謂「得內家拳之一鱗一爪，不用顧盼擬合，信手而應、縱橫前後、悉逢肯綮」者，其玄玄刀之謂乎？

夫如是，或劈，或刺，或托，或探，或提，或撩，或沉，或擄，或橫，或掃，或截，或斬，或崩，或刪，或削，或砍，或剁……使敵百計既窮，進退維谷，其奈終不能出於太極功之範圍何！此玄玄刀之所以玄而又玄，奧妙無窮也。

雖然，刀法之妙用，三豐先師已論之詳矣！數百年來，能繼道統之傳，而為之闡明其旨者，誰乎？要之，後有好事者，庶可因是而得之也。

太極劍

總　論

　　劍為古兵器之一，創始何人，言人人殊。

　　《廣黃帝本行記》曰：「帝採首山之銅鑄劍，以天文古字，題銘其上。」

　　管子曰：「昔葛盧之山，發而出金，蚩尤受而制之，以為劍。」自是雖有劍之名，而未言劍之形也。

　　《周禮・考工記》始詳言之，謂：「劍，古器名，兩刃而有脊，自背至刃謂之臘，或謂之鍔；背刃以下與柄分隔者，謂之首；首以下把握之處，謂之莖；莖端施環，曰鐔。」

　　觀其圖，與近古劍之形式異。蓋以人事演進，劍之形狀，似亦因時為轉移也。

　　閒嘗探討古今圖書。言劍者雖多，而於劍舞製造諸端，未嘗道及。以故《四庫全書》，無藝不收，獨於劍法，竟屬缺如。誠以年代久遠，無從捉摸矣！

　　而古劍之名，雜見於子史諸書者，層出不窮，如桓公之蔥、太公之闕、文王之錄、莊君之罟、闔閭之干將莫邪、越王之大刑小刑、楚王之劍有三、吳帝之劍凡六、周昭之劍有五、梁武之劍十三，此皆古之良劍也。而於其制，迄未言之。

　　即以秦時而論，劍之長短，制法不一。始皇之劍八尺，荊軻之劍尺八，此二人生於同時，劍之尺寸，尚各不同，則古劍之難考，固不待言矣！何況典籍不載哉？此吾國劍術，考證困難之一大原因也。

自黃帝之後，製劍之法，其究竟已不可得而聞。且古人之言，亦不能盡信。或托辭以諷世，或藉物以舒懷。然古時造劍之良，決非今世所可睥睨也。乃如錕鋙之鋼，可以斷玉。魚腸之鋒，利破重鎧。周昭有鎮五嶽之器，梁武有治四方之兵。他如斷馬擊鵠，隨四時而變五色。夕火秋月，躍平津而化雙龍。擊衣殷血，斬影成疾。伏地藏函，穿銅絕鐵。奇聞百出，何勝枚舉。蓋皆由於古人造劍，鍛煉之精、砥礪之勤之所致。雖然，古時尊劍之風，亦可想見一斑也。

　　然古人手持名劍，立奇功者有之，不辱命者有之，雪國恥者有之，建大業者有之，莫不劍以人名，人以劍尊，每觀古史，昭昭在目。昔曹沫執劍，劫齊桓於柯而魯不辱。毛遂按劍，叱楚王於庭，而楚定從。利透堅甲，吳君易位。提三尺劍，漢室興基。太阿一麾，三軍破敗。鐵獅既斫，萬歲皆呼。此皆千古傳為美談者也。

　　迨及近世，火器發明，攻堅射遠。尊劍之風，一落千丈。四方有志之士，咸以吾國衰弱之原因，皆少尚武任俠之勇氣，以致國難迫切，外侮日急。於是提倡國術之聲乃日高，崇尚劍術之風乃日熾。

　　著者有鑒於斯，因將故有之《太極劍》加以整理，使其系統一貫，井然不紊，仍命名為《太極劍》。亦名《乾坤劍》。詳考是劍，創自元之張三豐先生。歷代諸賢相繼，頗不乏人惜乎筆之於書者，僅數首殘缺之歌訣而已！

　　著者簡練揣摩，垂二十年，於其精微，始得環中，誠劍法中之中和者也。至於命名之義，蓋太極者，天地未分以前之義也。乾坤者，天地之義也。《易》曰：「大哉乾元，至哉坤元，萬物資生，乃順承天。」謂天地之德，能始生萬物也。

今以劍名太極者，取其為劍法之原始，無法不生，無美不備也。至於《太極劍》各式之故有名目，或俚而不雅，或名義不合，想係後人所捏造者，殊失原作者之意。於是不揣愚陋，僅就管見所及，重為一一擬訂。使初學者，顧名思義，既省強記之勞，又饒理會之趣，洵一舉兩有裨益也。

雖然，當今科學進步，一日千里，火器日新，勢足嚇人。然而戰鬥之際，運用之者，仍須恃有健全之身體、充足之精神、百折不回之毅力、萬夫不當之勇氣，然後方能上馬擒賊、下馬擒王。故勇敢善戰心理之建設，當以平素鍛鍊為急務。

而鍛鍊之法，最有益於短兵相接者，其為劍法乎？待其鍛鍊既久，豪俠養成天性，忠勇發於至誠，自能當仁不讓、見義勇為、衝鋒破陣、視死如歸。然則劍法之為功，亦顯矣哉！故白刃之戰，格鬥殺賊，十萬橫磨，不無小補，凡我同志，其共勉旃。

各 論

　　太極劍，本為口授之學，名目久已失傳，故姿勢應用，因人而異。初學者，每以無所適從為憾。
　　予擇其簡而易學者存之，象形取義，參之應用之法，各為擬訂一名。並將姿勢應用，詳為解釋，使初學者，循序摹仿，自有規律之可循也。
　　謹將太極劍分勢作圖立說，以備有志之士，為行遠自邇，登高自卑之一助云爾。

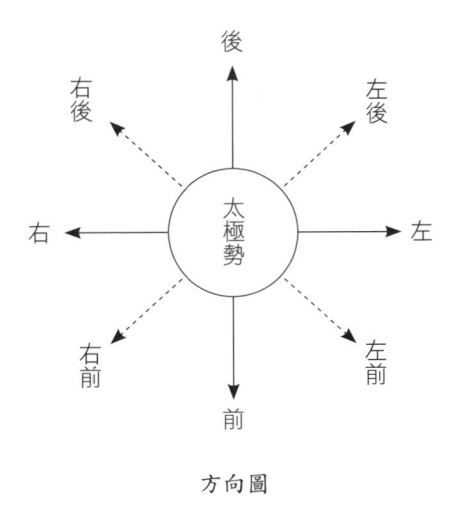

方向圖

太極勢

【姿勢說明】

身體直立,面向前方。目平視。頭正,頸直,涵胸,拔背,裹襠,護臀。兩臂從容下垂。左手持劍,反背臂後。劍柄置左胯旁。劍鋒向上,劍脊務與左臂貼緊。右手二指、中指伸直,大指、小指、無名指均屈,掐成劍訣,置右胯旁。兩足平行分開,其距離以肩為度。

全體重心,在兩足間之中點。(圖 4-1)

圖 4-1 太極勢

攬雀尾一

【姿勢說明】

左足前上一步，膝前屈。右足不動，而腿蹬直。全體重心，均在左足。同時左手背劍提至胸前。下刃向下，上刃向上，劍鋒向左，劍柄置右肩前。右手劍訣直立提起，鬆肩垂肘，向右方伸出。面向右方，目注劍訣。（圖 4-2）

圖 4-2 攬雀尾一

攬雀尾二

【姿勢說明】

左足尖向右前方移動（即 45°角）。右足向右方上一步（即 90°角）。身體轉向右方。右膝右弓，左腿蹬直。全體重心，均在右足。同時左手背劍，向右方微移動。然後隨右手劍訣向左前方下捋，而後向右上方伸出。面向右方，目注劍訣。（圖 4-3）

圖 4-3 攬雀尾二

攬雀尾三
【姿勢說明】
左足不動，腿向下坐。右足足尖提起，足跟著地。全體重心，移至左足。同時左手背劍，劍鐔貼緊右腕，由右而後而左，轉一半圓，再向右方伸出。右手劍訣向右方平指。

同時右足尖下落，膝向右弓，左腿蹬直。全體重心，均移右足。面向右方，目注劍訣。（圖 4-4）

圖 4-4　攬雀尾三

金針指南
【姿勢說明】
左足向左後方邁一步，膝向左弓。右腿蹬直。全體重心，均在左足。

同時左手背劍，摟過左膝。劍柄置於左胯旁，劍鋒向上，劍脊仍貼左臂。同時右手劍訣由右耳側向左方平指伸出。面向左方，目平視。（圖 4-5）

圖 4-5　金針指南

交劍式
【姿勢說明】
左足向右前方上一步，足尖點地，足跟翹起，膝微屈。右

足不動，腿向下坐。全體重心，均在右足。

同時右手劍訣由左而下，向右平伸。左手背劍，由左胯側向左平伸。然後左右手均向胸前平屈。左手將劍柄交與右手，上刃向上，下刃向下，劍鋒向左。面向前方，目平視。（圖 4-6）

分劍式

圖 4-6　交劍式

【姿勢說明】

左足向前進半步，膝向前弓。右腿蹬直。全體重心，均在左足。

同時右手持劍，由左而前向右平掃。下刃向後，上刃向前，劍鋒向右。左手掐成劍訣，向左平伸。面向右方，目注劍鋒。（圖 4-7）

【應用說明】

敵人用槍刺我右脅，我將身前移，使其落空。乘勢分劍，平掃敵人之頭。

圖 4-7　分劍式

掛劍式

【姿勢說明】

左足向後撤回半步,足尖點地,足跟翹起,膝微屈。右足不動,而腿下坐。全體重心,均在右足。同時右手持劍,由右方向左前方反掛撤回。劍柄置於胸前,下刃向上,上刃向下,劍鋒向右。左手劍訣按右腕以助其勢。面向右方,目注劍鋒。(圖 4-8)

圖 4-8 掛劍式

【應用說明】

敵自側方用槍向我喉部來刺,我將身後撤以避之,乘勢用劍掛著敵槍,以觀其變。

七星式

【姿勢說明】

左足向前方邁半步,膝向右弓,而腿下踞。右腿平足向左後方伸出。全體重心,均在左足。同時右手持劍,由右而上,向左方下劈。然後反手平劍上格,至劍與喉平為止。下刃向上,上刃向下,劍鋒向左。左手劍訣向左方伸出,以稱其勢。面向前方,目平視。(圖 4-9)

【應用說明】

敵人用槍自左方來刺,我將身前移,以洩其力,乘勢用劍劈擄敵槍。倘敵槍上翻,以圖變化,我即用劍上格敵之前手,乘勢用足直踏敵之脅部。

圖 4-9　七星式

上步遮膝

【姿勢說明】

右足向右後方進一步，足尖點地，足跟翹起，膝微屈。左足不動，而腿下蹲。全體重心，均在左足。同時右手持劍，向右後上方提起，然後向右後方下刺。下刃向右後上方，上刃向左前下方，劍鋒向右後下方。左手劍訣按右腕以助之。面向右後方，目注劍鋒。（圖 4-10）

【應用說明】

敵人自背後用槍刺我腰部，我轉身進步用劍向上掛開敵槍，乘勢用劍直刺敵人之膝。

圖 4-10　上步遮膝

回身劈劍

【姿勢說明】

右足向左前方進一步,膝向左前方弓出。左腿蹬直。全體重心,均在右足。同時右手持劍,由右後方上提,向左前方下劈。下刃向右後下方,上刃向左前上方,劍鋒向左前下方。左手劍訣按右腕以助之。面向左前方,目注劍鋒。(圖4-11)

圖 4-11　回身劈劍

【應用說明】

敵人用槍自身後刺我腰部,我回身以避之,乘勢上步,用劍直劈敵人之頭。

進步撩膝

【姿勢說明】

右足向右後方進一步,膝向右後方弓出。左腿蹬直。全體重心,均在右足。同時右手持劍,由左前下方擦地向右後下方

圖 4-12　進步撩膝

撩出，下刃向右前上方，上刃向左後下方，劍鋒向右後下方。左手劍訣按右腕以助之。面向右後方，目注劍鋒。（圖 4-12）

【應用說明】

敵人自背後用槍來刺，我轉身以避之，乘勢進步，用劍撩敵之膝。

臥虎當門

【姿勢說明】

右足向左前方撤回半步，足尖點地，足跟翹起，膝微屈。左足不動而腿下蹲。全體重心，均在左足。

同時右手持劍，反手向左前上方抱回，下刃向上，上刃向下，劍鋒向右。左手劍訣按右腕以助其勢。面向右方，目平視。（圖 4-13）

【應用說明】

敵人用槍刺我面部，我向斜後方抽身，以洩其力，乘勢用劍掛開敵槍，以待其變。

圖 4-13　臥虎當門

倒掛金鈴

【姿勢說明】

右足向右方上半步，左足再向右方進一步，膝微屈。右腿屈膝上提，足尖上翹。全體重心，均在左足。同時右手持劍，由右方上提，向左方下劈，然後再向右上方提起，下刃向右上方，上刃向左下方，劍鋒向右下方。左手劍訣直立置於劍與胸之間。面向右方，目平視。（圖 4-14）

【應用說明】

敵人用槍刺我胸部，我用劍格開，乘勢進步，提撩敵之胸腹。

圖 4-14　倒掛金鈴

指襠劍

【姿勢說明】

右足向右方落下一步，足尖點地，足跟翹起，膝微屈。左足不動，而腿下坐。全體重心，均在左足。同時右手持劍，向右下方斜刺，下刃向右上方，上刃向左下方，劍鋒向右下方。左手劍訣按右腕以助之。面向右方，目注劍鋒。（圖 4-15）

圖 4-15　指襠劍

【應用說明】

敵人向後抽槍，我順其抽力，乘勢上步，用劍直刺敵之下部。

臨溪垂釣

【姿勢說明】

兩足不動,身體向右後方微移。全體重心,仍在左足。同時右手持劍,由右下方反手向右後下方撥出。下刃向右後上方,上刃向左前下方,劍鋒向右後下方。面向右後方,目注劍鋒。(圖 4-16)

圖 4-16　臨溪垂釣

【應用說明】

敵人用槍刺我腿部,我用劍反手外撥,以待其變。

劈山奪寶

【姿勢說明】

左足向右後方上一步,右足再向右後方進一步,膝向右後方弓出。左腿蹬直。全體重心,均在右足。

同時右手持劍,由右後下方向左前方提起,然後向右後方下劈。下刃向左前下方,上刃向右後上方,劍鋒向右後下方。左手抱劍柄,以助其力。面向右後方,目注劍鋒。(圖 4-17)

圖 4-17　劈山奪寶

【應用說明】

敵人向後抽槍,我順其抽力,乘勢進步,用劍劈敵之頭。

逆鱗刺

【姿勢說明】

右膝向右後方略衝，左腿蹬直。全體重心，仍負右足。同時右手持劍，向右後下方直刺，下刃向左前下方，上刃向右後上方，劍鋒向右後下方。左手抱劍柄，以助其勢。面向右後方，目注劍鋒。（圖 4-18）

【應用說明】

敵人用槍刺我下部，我用劍乘勢逆進，直刺敵之小腿，並畫敵之前手。

圖 4-18　逆鱗刺

回身點

【姿勢說明】

身體由右後方向左前方旋轉。左膝向左前方弓出。右腿蹬直。全體重心，均在左足。同時左手劍訣由右後方向下，然後向左前方引起，橫置頂上。右手持劍，向左前下方直點。下刃向右後下方，上刃向左前上方，劍鋒向左前下方。面向左前方，目注劍鋒。（圖 4-19）

【應用說明】

敵人用槍自身後來刺，我轉身以避之。乘勢用劍直點敵之下部。

圖 4-19　回身點

沛公斬蛇

【姿勢說明】

右足由右後方向左方進半步，足尖點地，足跟翹起，膝微屈。左足不動，而腿下坐。全體重心，均在左足。同時右手持劍，由左前方提起，而後向左下方平斬。下刃向後，上刃向前，劍鋒向左下方。左手抱劍柄，以助其勢。面向左方，目注劍鋒。（圖 4-20）

圖 4-20　沛公斬蛇

【應用說明】

敵人向後抽槍,我順其抽力,乘勢進步,用劍揮開敵槍,橫斬敵人之膝。

翻身提斗

【姿勢說明】

左足提起,翻身向右前方上一步,膝微屈。右腿屈膝上提。足尖上翹,約與胯齊。全體重心,均在左足。同時右手持劍,由左方向下反掛,而後向右前方上提。下刃向右前上方,上刃向左後下方,劍鋒向右前下方。左手劍訣向右前方平指,以助其勢。面向右前方,目平視。(圖 4-21)

【應用說明】

敵人用槍自身後來刺,我翻身以避之,乘勢上步,用劍提撩敵胸。

圖 4-21 翻身提斗

猿猴舒臂

【姿勢說明】

右足向右前方虛踏半步,足尖點地,足跟翹起,膝微屈。左足不動,而腿下坐。全體重心,均在左足。同時右手持劍,

向右前方平刺。下刃向上,上刃向下,劍鋒向右前方。左手劍訣按右腕以助其力。面向右前方,目注劍鋒。(圖4-22)

【應用說明】

敵人向後抽槍,我順其抽力,乘勢進步,用劍直刺敵人之喉。

圖4-22 猿猴舒臂

子路問津

【姿勢說明】

右足向右前方進半步,弓膝,左腿蹬直。全體重心,均在右足。同時右手持劍,立腕向上反撥。身體亦隨劍向右後方微傾。下刃向左前下方,上刃向右後上方,劍鋒向右前上方。左手劍訣按右腕以助其力。面向右前方,目平視。(圖4-23)

圖4-23 子路問津

【應用說明】

敵人用槍刺我喉部,我用劍格開,以窺其變。

李廣射石

【姿勢說明】

左足向右前方進一步,弓膝。右腿蹬直。全體重心,均在左足。同時右手持劍,反臂向右前方平刺。下刃向上,上刃向下,劍鋒向右前方。左手劍訣按右腕以助其勢。面向右前方,

目注劍鋒。（圖 4-24）

【應用說明】

敵人向後抽槍，我順其抽力，乘勢進步，用劍直刺敵人之喉。

彩鳳舒羽

【姿勢說明】

圖 4-24　李廣射石

右足提起，以左足為軸，身體由右前方，向右方、後方、左方、前方旋轉。至面向右前方止，旋轉一周。同時右手持劍，抱至胸前。左手按劍柄，以助其勢。然後右足向右前方進一步，膝向右前方弓出。左腿蹬直。全體重心，均在右足。同時右手持劍，向右前方平刺。下刃向上，上刃向下，劍鋒向右前方。左手劍訣向左後方平伸，以稱其力。面向右前方，目平視。（圖 4-25）

圖 4-25　彩鳳舒羽

【應用說明】

敵人用槍刺我腰部，我轉身以避之，乘勢進步用劍直取敵人之頭。

退步撩陰一

【姿勢說明】

右足向左後方退一步，膝向左後方弓出。左腿蹬直。同時

右手持劍，回身向左後方下劈。然後左足再向左後方退一步，右膝向右前方弓出。左腿蹬直。全體重心，均在右足。同時右手持劍，由左後下方反手向右前下方撩出，下刃向右前上方，上刃向左後下方，劍鋒向右前下方。左手劍訣按右腕以助之。面向右前方，目注劍鋒。（圖 4-26）

【應用說明】

敵人進身用槍刺我胸部，其勢甚猛，不可敵當，我退步以洩其力。同時用劍順勢掛開敵槍，乘勢反撩敵之下部。

退步撩陰二

【姿勢說明】

右足向左後方退一步，膝向左後方弓出。左腿蹬直。同時右手持劍，回身向左後方下劈。然後左足再向左後方退一步，右膝向右前方弓出。左腿蹬直。全體重心，均在右足。同時右手持劍，由左後下方反手向右前下方撩出。下刃向右前上方，上刃向左後下方，劍鋒向右前下方。左手劍訣按右腕以助之。面向右前方，目注劍鋒。（圖 4-27）

【應用說明】

敵人進身用槍刺我胸部，其勢甚猛，不可敵當，

圖 4-26　退步撩陰一

圖 4-27　退步撩陰二

我退步以洩其力，同時用劍順勢掛開敵槍，乘勢反撩敵之下部。

退步撩陰三

【姿勢說明】

右足向左後方退一步，膝向左後方弓出。左腿蹬直。同時右手持劍，回身向左後方下劈。然後左足再向左後方退一步，右膝向右前方弓出。左腿蹬直。全體重心，均在右足。同時右手持劍，由左後下方反手向右前下方撩出。下刃向右前上方，上刃向左後下方，劍鋒向右前下方。左手劍訣按右腕以助之。面向右前方，目注劍鋒。（圖 4-28）

【應用說明】

敵人進身用槍刺我胸部，其勢甚猛，不可敵當，我退步以洩其力，同時用劍順勢掛開敵槍，乘勢反撩敵之下部。

圖 4-28 退步撩陰三

臥虎當門

【姿勢說明】

右足向左後方退半步，足尖點地，足跟翹起，膝微屈。左足不動，而腿下坐。全體重心，均在左足。同時右手持劍，反掛向左後方撤回。下刃向上，上刃向下，劍鋒向右前方。左手

劍訣按右腕以助之。面向右前方,目平視。(圖 4-29)

【應用說明】

敵人抽槍向我胸部來刺,我卻步用劍反掛敵槍,以待其變。

梢公搖櫓一

【姿勢說明】

右足向右前方進少半步,膝微屈。左足不動,腿仍下坐。全體重心,仍在左足。同時右手持劍,反手向左後下方畫出。下刃向右前下方,上刃向左後上方,劍鋒向左後下方。左手劍訣按右腕以助之。面向右前方,目平視。(圖 4-30)

【應用說明】

敵人用槍向我膝部刺來,我步稍移,以洩其力,乘勢用劍畫開敵槍,以待其變。

梢公搖櫓二

【姿勢說明】

左足向右前方進半步,足尖點地,足跟翹起,膝微屈。右足不動,而腿下坐。全體重心,均在右足。同時右手持劍,反手上撩抱回。

圖 4-29　臥虎當門

圖 4-30　梢公搖櫓一

圖 4-31　梢公搖櫓二

劍柄置左脅側。下刃向左後上方，上刃向右前下方，劍鋒向右前上方。左手握劍柄以助其力。面向右前方，目平視。（圖 4-31）

【應用說明】

敵人抽槍向我面部刺來，我用劍掛開敵槍，乘勢上步，以觀其變。

順水推舟

【姿勢說明】

右足向右前方進一步，膝向右前方弓出。左腿蹬直。全體重心，均在右足。同時右手持劍，向右前方平劍刺出。下刃向左前方，上刃向右後方，劍鋒向右前上方。左手劍訣向左後方平伸，以稱其勢。面向右前方，目注劍鋒。（圖 4-32）

【應用說明】

敵人向後抽槍，我借其抽力，乘勢進步，用劍平刺敵人之喉。

圖 4-32　順水推舟

眉中點赤

【姿勢說明】

右足向左前方移半步，左足再向右前方進一步，膝向右前方弓出。右腿蹬直。全體重心，均在左足。同時右手持劍，向懷中平劍抱回，然後向右前方立劍刺出。下刃向下，上刃向上，劍鋒向右前上方。左手劍訣橫置頂上，以助其勢。面向右前方，目注劍鋒。（圖4-33）

圖 4-33　眉中點赤

【應用說明】

敵人用槍刺我腹部，我抱劍捋開敵槍，乘勢上步，用劍直點敵之眉中。

回馬劍一

【姿勢說明】

左足向左後方背一步，足掌著地，足跟略起，雙膝下屈。

圖 4-34　回馬劍一

全體重心，均在右足。同時右手持劍，由右前方上提，反手向左後方平擊。下刃向上，上刃向下，劍鋒向左後方。左手劍訣按右腕以助其勢。面向左後方，目平視。（圖 4-34）

【應用說明】

敵人用槍自身後來刺，我向後背步，閃開敵槍，乘勢用劍平擊敵人之頭。

回馬劍二

【姿勢說明】

右足向左後方進一步,膝向左後方弓出。左腿蹬直。全體重心,均在右足。同時右手持劍,由左後方向下、向右前方上提,然後向左後下方下劈。下刃向右前下方,上刃向左後上方,劍鋒向左後下方。左手劍訣按右腕以助之。面向左後方,目注劍鋒。(圖 4-35)

圖 4-35 回馬劍二

【應用說明】

敵人用槍刺我腿部,我用劍外掛,乘勢進步,直劈敵之頭部。

回馬劍三

【姿勢說明】

右足向左後方略進,膝向左後方弓出。左腿蹬直。全體重心,均在右足。同時右手持劍,向左後下方直刺。下刃向右前下方,上刃向左後上方,劍鋒向左後下方。左手劍訣向右前方伸出,以稱其力。面向左後方,目注劍鋒。(圖 4-36)

圖 4-36 回馬劍三

【應用說明】

敵人向後抽槍,我因其抽力,順勢用劍直刺敵之下部。

玉女投針

【姿勢說明】

右足向右後方移半步，左足再向左後方進一步，膝向左後方弓出。右腿蹬直。全體重心，均在左足。同時右手持劍，向懷中抱回，然後向左後下方平劍直刺。下刃向右後方，上刃向左前方，劍鋒向左後下方。左手劍訣橫置頂上，以助其勢。面向左後方，目注劍鋒。（圖4-37）

【應用說明】

敵人用槍刺我胸部，我抱劍掛開敵槍，乘勢進步，直刺敵之下部。

魁星提筆

【姿勢說明】

以右足跟為軸，身體由左後方轉向右前方，然後左腿屈膝，向右前方提起，足尖下垂。全體重心，均在右足。同時右手持劍，由左後下方反手向右前方上提。下刃向右前上方，上刃向左後下方，劍鋒向右前下方。左手劍訣向右前方下指，以助其勢。面向右前方，目平視。（圖4-38）

圖 4-37　玉女投針

圖 4-38　魁星提筆

【應用說明】

敵人用槍刺我背部，我翻身以避之，乘勢用劍撩取敵之前手。

迎門劍

【姿勢說明】

左足向右前方進一步，右足再向右前方進一步，膝向右前方弓出。左腿蹬直。全體重心，均在右足。同時右手持劍，由右前方向左後方下掛，而後上提，再向右前方下劈。下刃向左後下方，上刃向右前上方，劍鋒向右前下方。左手劍訣向左後方伸出，以稱其勢。面向右前方，目注劍鋒。（圖 4-39）

圖 4-39　迎門劍

【應用說明】

敵人用劍刺我腿部，我用劍掛開，乘勢進步，直劈敵人之頭。

臥虎當門

【姿勢說明】

右足向左後方撤回半步，足尖點地，足跟翹起，膝微屈。左足不動，而腿下坐。全體重心，均在左足。同時右手持劍，反手向左後方抱回。下刃向上，上刃向下，劍鋒向右前方。左手劍訣按右腕以助之。面向右前方，目平視。（圖 4-40）

圖 4-40　臥虎當門

【應用說明】

敵人用槍刺我胸部，我用劍反掛，以洩其力，靜觀敵變。

海底擒鰲一

【姿勢說明】

右足向右前方邁半步，足尖點地，足跟翹起，膝微屈。左足不動，而腿下坐。全體重心，均在左足。同時右手持劍，反劍向左後下方劈之。下刃向右前下方，上刃向左後上方，劍鋒向左後下方。左手劍訣按右腕以助之。面向左後方，目注劍鋒。（圖4-41）

圖4-41　海底擒鰲一

【應用說明】

敵人抽槍刺我腿部，我將身微移以洩其力，乘勢用劍反撥敵槍，以窺其變。

海底擒鰲二

【姿勢說明】

以右足為軸，身體由右前方轉向左後方。同時左腿上提，向左後方倒邁一步。全體重心，均在左足。同時右手持劍，由左後方上提，然後向右前方下劈。下刃向左後下方，上刃向右前上方，劍鋒向右前下方。左手劍訣按右腕以助之。面向

圖4-42　海底擒鰲二

右前方，目注劍鋒。（圖 4-42）

【應用說明】

敵人向後抽槍，我順其抽力，用劍直劈敵人之頭。

翻身提斗

【姿勢說明】

左足不動，右腿屈膝上提，足尖上翹。全體重心，均在左足。同時右手持劍，反手由右前下方向左後方上提。下刃向左後上方，上刃向右前下方，劍鋒向左後下方。左手劍訣置於胸與劍之間。面向左後方，目平視。（圖 4-43）

圖 4-43　翻身提斗

【應用說明】

敵人用槍刺我背部，我翻身避開，用劍直撩敵之前手。

反臂劍

圖 4-44　反臂劍

【姿勢說明】

左足不動，右足向左後方平踢。全體重心，仍在左足。同時右手持劍，由左後方上提，然後反臂向右前方下劈。下刃向左後下方，上刃向右前上方，劍鋒向右前下方。左手劍訣向左後上方伸出，以稱其勢。上身向右前方略傾。面向右前下方，目注劍鋒。（圖 4-44）

【應用說明】

敵人自身後用槍刺我腿部，我將腿踢出，以避其鋒，乘勢

用劍反臂直劈敵之頭部。

進步栽劍

【姿勢說明】

左足提起，右足即落於左足之原位，作一跳步。左足再向右前方上半步，足尖點地，足跟翹起，膝微屈。全體重心，均在右足。同時右手持劍，由右前方向左後方提起，然後反手再向右前下方刺下。下刃向右前上方，上刃向左後下方，劍鋒向右前下方。左手劍訣按右腕以助之。面向右前方，目注劍鋒。（圖4-45）

【應用說明】

敵人自身後用槍刺我腿部，我跳步以避之，復掛開敵槍，乘勢進步，用劍直刺敵之下部。

圖4-45　進步栽劍

左右提鞭一

【姿勢說明】

右足向右方上一步，身體轉向左方。右腿下坐。左足向左略進，足尖點地，足跟翹起，膝微屈。全體重心，均在右足。同時右手持劍，由右前下方，用劍鋒向左方崩起。下刃向左方，上刃向右方，劍鋒向上。左手抱劍柄，以助其力。面向

圖4-46　左右提鞭一

左方，目平視。（圖 4-46）

【應用說明】

敵人自身旁用槍來刺我膝，我轉身避過敵槍，乘勢用劍崩取敵之前手。

左右提鞭二

【姿勢說明】

身體由左方轉向右方，右膝向右弓出。左腿蹬直。全體重心，均在右足。同時右手持劍，由左而前向右方立劍平移。下刃向右方，上刃向左方，劍鋒向上。左手抱劍柄以助之。面向右方，目平視。（圖 4-47）

【應用說明】

敵人用槍自身後來刺，我轉身以避之，乘勢用劍直格敵之前手。

圖 4-47 左右提鞭二

落花待掃一

【姿勢說明】

右足向左方進一步，膝向左方弓出。左腿蹬直。全體重心，均在右足。同時右手持劍，由右方下劈，然後向左方反手平撩。下刃向上，上刃向下，劍鋒向左方。左手劍訣按右腕以助之。面向左方，目注劍鋒。（圖 4-48）

圖 4-48 落花待掃（1）

【應用說明】

敵人用槍自背後刺我腰部，我回身閃過敵槍，乘勢進步，用劍直撩敵人之喉。

臥虎當門一

【姿勢說明】

右足向右方撤回半步，足尖點地，足跟翹起，膝微屈。左足不動，而腿下坐。全體重心，均在左足。同時右手持劍，反手向懷中抱回。下刃向上，上刃向下，劍鋒向左方。左手劍訣按右腕以助之。面向左方，目平視。（圖 4-49）

【應用說明】

敵人用槍刺我頭部，我撤步以洩其力，乘勢用劍攔著敵槍，以觀其變。

落花待掃二

【姿勢說明】

右足向左方進半步，左足再向左方進一步，膝向左方弓出。右腿蹬直。全體重心，均在左足。同時右手持劍，由左方上提，向右方下劈，然後反手再向左方平撩。下刃向上，上刃向下，劍鋒向左方。左手劍訣按右腕以助其力。面向左方，目注劍鋒。（圖 4-50）

圖 4-49　臥虎當門（1）

圖 4-50　落花待掃（2）

【應用說明】

敵人用槍刺我胸部，我用劍掛開敵槍，乘勢進步，直撩敵人之喉。

臥虎當門二

【姿勢說明】

圖 4-51　臥虎當門（2）

左足向右方撤回半步，足尖點地，足跟翹起，膝微屈。右足不動，而腿下坐。全體重心，均在右足。同時右手持劍，反手向懷中抱回。下刃向上，上刃向下，劍鋒向左方。左手劍訣按右腕以助之。面向左方，目平視。（圖 4-51）

【應用說明】

敵人用槍刺我頭部，我向後撤步，以洩其力，乘勢用劍擄著敵槍，以觀其變。

翻身披掛

【姿勢說明】

左足向左方開半步，雙腿下蹲。全體重心，在兩足間之中點。同時右手持劍，由左方上提，向右方平劈。下刃向下，上刃向上，劍鋒向右方。左手劍訣向左方平伸，以稱其力。面向

圖 4-52　翻身披掛

右方,目注劍鋒。(圖 4-52)

【應用說明】

敵人自身後用槍刺我腰部,我轉身閃開敵槍,用劍直劈敵人之頭。

進步提撩

【姿勢說明】

右足向左方進一步,雙腿下蹲。全體重心,在兩足間之中點。同時右手持劍,由右方向下,再向左後上方反手撩出,然後向右方下劈。待劍與喉齊之時,而後反手平劍,由右方向左方平掃。下刃向前方,上刃向後方,劍鋒向左方。左手劍訣向右方平伸,以均其勢。面向左方,目注劍鋒。(圖 4-53)

【應用說明】

敵人自身旁用槍來刺,我將身稍移,以洩其力,進步用劍撩取敵人之喉。倘敵欲抽槍,我順其抽力,用劍橫掃敵人之頭。

圖 4-53　進步提撩

抱月式

【姿勢說明】

右足向後方進半步,足尖點地,足跟翹起,膝微屈。左足

不動，而腿下坐。全體重心，均在左足。同時右手持劍，由左方反手平劍向懷中抱回。劍鐔置於胸腹之間。下刃向右方，上刃向左方，劍鋒向後方。左手抱劍柄，以助其力。面向後方，目平視。（圖 4-54）

圖 4-54　抱月式

【應用說明】

敵人自身旁用槍刺我胸部，我將身移動，以避其鋒，乘勢用劍平擄敵槍，以待其變。

軍鞭式

【姿勢說明】

右足向左前方進一步，膝向左前方弓出。左腿蹬直。全體重心，均在右足。同時右手持劍，由後方向左前方平劍刺出。下刃向左後方，上刃向右前方，劍鋒向左前方。左手劍訣向右後方平伸，以稱其力。面向左前方，目注劍鋒。（圖 4-55）

【應用說明】

敵人用槍自身旁來刺，我用劍順其槍桿直進，以取敵人之頭。

圖 4-55　軍鞭式

肘底看劍

【姿勢說明】

右足向右方退一步,左腿屈膝上提。全體重心,均在右足。同時右手持劍,由左前方下劈,而後反手向左方上提。下刃向左上方,上刃向右下方,劍鋒向左下方。左手劍訣下指,以稱其力。面向左方,目平視。(圖4-56)

圖4-56 肘底看劍

【應用說明】

敵人用槍刺我下部,我用劍下劈以避之。敵復抽槍上刺,我反劍上提,以撩敵之前手。

海底撈月

圖4-57 海底撈月

【姿勢說明】

左足向左前方進一步,膝向左前方弓出。右腿蹬直。全體重心,均在左足。同時右手持劍,由左方上提,向右後方下劈。然後平劍擦地,由右後方向左前方平掃。下刃向左後方,上刃向右前方,劍鋒向左前方。左手劍訣按右腕以助其勢。面向左前方,目注劍鋒。(圖4-57)

【應用說明】

敵人用槍來刺我頭,我進步閃過敵槍,乘勢用劍,撈取敵人之腿。

橫掃千軍一

【姿勢說明】

身體向右方微移動,右腿直立,左足提起,向左前方平踢。全體重心,均在右足。同時右手持劍,由左前方向後方撥擊,然後向懷內抱回。劍柄橫置胸腹之間。下刃向左方,上刃向右方,劍鋒向後方。左手抱右腕,以助其力。面向左方,目平視。(圖 4-58)

【應用說明】

敵人用槍刺我胸部,我用劍向外平擊,乘勢用足直踢敵人之腹。

圖 4-58 橫掃千軍一

橫掃千軍二

【姿勢說明】

左足向左前方進一步,右足再向左方進一步,膝向左方弓出。左腿蹬直。全體重心,均在右足。同時右手持劍,橫劍向左方平推。下刃向左方,上刃向右方,劍鋒向後方。左手抱右腕以助之。面向左方,目平視。(圖 4-59)

圖 4-59 橫掃千軍二

【應用說明】

敵人之槍，既被擊開，即向後抽槍，我順其抽力，乘勢進步，用劍橫掃敵人之胸。

撇身擊

【姿勢說明】

左足向左方進半步，足尖點地，足跟翹起，膝微屈。右足不動，腿向下坐。全體重心，均在右足。同時右手持劍，由後方向左下方平擊。下刃向右下方，上刃向左上方，劍鋒向左下方。左手抱右腕以助之。面向左方，目注劍鋒。（圖 4-60）

【應用說明】

敵人用槍刺我下部，我將身向旁撇開，乘勢進步，用劍擊開敵槍，以觀其變。

抱頭洗

【姿勢說明】

右足向左方進半步，足尖點地，足跟翹起，膝微屈。左足不動，而腿下坐。全體重心，均在左足。同時右手持劍，由左下方反手上提抱回。劍柄置右耳側。下刃向上，上刃向下，劍鋒向左方。左手抱劍柄以助之。面向左方，目平視。（圖 4-61）

圖 4-60　撇身擊

【應用說明】

敵人用槍刺我頭部，我用劍反提敵槍，乘勢進步，直取敵人之喉。

圖 4-61　抱頭洗

魁星提筆

【姿勢說明】

右足向右方退一步，屈膝而腿下坐。左足再向右方退半步，足尖點地，足跟翹起，膝微屈。全體重心，均在右足。同時右手持劍，由左方下劈，向右方上提，然後仍向左方下刺。下刃向左方，上刃向右方，劍鋒向下。左手劍訣按右腕以助之。面向左方，目平視。（圖 4-62）

圖 4-62　魁星提筆

【應用說明】

敵人用槍刺我胸部，我用劍下擸，倘敵抽槍再刺，我即用劍下刺，以防禦之。

燕子入巢

圖 4-63　燕子入巢

【姿勢說明】

以右足為軸，身體由左方轉向右後方。左足向右後下方踢出。右膝微屈，腿向下坐。全體重心，均在右足。同時右手持劍，由左方向右後下方平劍刺出，劍與左腿成平行線。下刃向右前方，上刃向左後方，劍鋒向右後下方。左手抱右腕以助之。面向右後方，目注劍鋒。（圖 4-63）

【應用說明】

敵人用槍自身後來刺，我轉身以避之，乘勢以足踢開敵槍，用劍直刺敵之腹部。

靈貓捕鼠

【姿勢說明】

左足向右後方進一步，右足再向右後方跳一步，左足再向右後方進一步，雙腿下坐，左腿上，而右腿下。全體重心，均在右足。同時右手持劍，向右後下方平劍刺出。下刃向右前方，上刃向左後方，劍鋒向右後下方。左手抱右腕以助其力。面向右後方，目注劍鋒。（圖 4-64）

圖 4-64　靈貓捕鼠

【應用說明】

敵人向後抽槍，我借其抽力，乘勢跳步，直刺敵之下部。

蜻蜓點水

【姿勢說明】

身體起立，右腿屈膝上提，小腿下垂。左足不動，而腿伸直。全體重心，均在左足。同時右手持劍上提，然後平劍，將劍尖向右後下方點去。其動作之姿態，有如蜻蜓點水者然。下刃向右前方，上刃向左後方，劍鋒向右後下方。左手劍訣橫置頂上，以稱其力。面向右後方，目平視。（圖 4-65）

圖 4-65　蜻蜓點水

【應用說明】

敵人用槍刺我下部，我將足提起，避過敵槍，乘勢用劍直點敵人之頭。

圖 4-66　黃蜂入洞

黃蜂入洞

【姿勢說明】

右足向左前方進一步，膝向左前方弓出。左腿蹬直。全體重心，均在右足。同時右手持劍，由右後方立劍向左前方下刺。下刃向左前下方，上刃向右後上方，劍鋒向右後下方。左手劍訣按右腕以助之。面向左前方，目平視。（圖 4-66）

【應用說明】

敵人用槍自身後來刺，我回身以避之，乘勢用劍掛開敵槍，以待其變。

老叟攜琴

【姿勢說明】

右足向右後方撤回半步，足尖點地，足跟翹起，膝微屈。左足不動，而腿下坐。全體重心，均在左足。同時右手持劍，向右後上方提起。下刃向右方，上刃向左方，劍鋒向上。劍柄置左肘之外。左手劍訣立置頦下。面向左方，目平視。（圖 4-67）

圖 4-67　老叟攜琴

【應用說明】

敵人用槍自身旁刺來，我退身以避之，用劍掛開敵槍，以待敵變。

雲麾三舞一

【姿勢說明】

右足向左後方進半步，膝向左後方弓出。左腿蹬直。全體重心，均在右足。同時右手持劍，向左後方下劈。下刃向右前下方，上刃向左後上方，劍鋒向左後下方。左手抱右腕以助其勢。面向左後方，目注劍鋒。
（圖 4-68）

【應用說明】

敵人向後抽槍，我順其抽力，乘勢進步，用劍直劈敵人之頭。

雲麾三舞二

【姿勢說明】

左足向左前方進一步，膝向左前方弓出。右腿蹬直。全體重心，均在左足。同時右手持劍，由左後方向右後方提起，然後向左前方下劈。下刃向右後下方，上刃向左前上方，劍鋒向左前下方。左手抱右腕，以助其力。面向左前方，目注劍鋒。（圖 4-69）

【應用說明】

敵人用槍自身旁來刺，我以劍順其力掛開，乘勢進步，用劍直劈敵人之頭。

圖 4-68　雲麾三舞一

圖 4-69　雲麾三舞二

雲麾三舞三

【姿勢說明】

左足向右後方撤回半步，足尖點地，足跟翹起，膝微屈。右足不動，而腿下坐。全體重心，均在右足。同時右手持劍，反手向右後方上提，劍柄置右耳側。下刃向上，上刃向下，劍鋒向後方。左手抱右腕，以助其力。面向前方，目平視。（圖4-70）

圖4-70　雲麾三舞三

【應用說明】

敵人用槍刺我胸部，我用劍上提，撥開敵槍，以待其變。

雲麾三舞四

【姿勢說明】

左足向左前方進半步，膝向左前方弓出。右腿蹬直。全體重心，均在左足。

同時右手持劍，由右後方上提，向左前方下劈。下刃向右後下方，上刃向左前上方，劍鋒向左前下方。左手抱右腕以助之。面向左前方，目注劍鋒。（圖4-71）

圖4-71　雲麾三舞四

【應用說明】

敵人向後抽槍，我順其抽力，乘勢進步，用劍直劈敵人之頭。

雲麾三舞五

【姿勢說明】

右足向左後方進一步，膝向左後方弓出。左腿蹬直。全體重心，均在右足。同時右手持劍，由左前下方向右前方上提，然後向左後方下劈。下刃向右前下方，上刃向左後上方，劍鋒向左後下方。左手抱右腕，以助其力。面向左後方，目注劍鋒。（圖 4-72）

【應用說明】

敵人用槍自身旁來刺，我以劍順勢掛開，乘勢進步，用劍直劈敵人之頭。

圖 4-72　雲麾三舞五

雲麾三舞六

【姿勢說明】

右足向右前方撤回半步，足尖點地，足跟翹起，膝微屈。左足不動，而腿下坐。全體重心，均在左足。同時右手持劍，反手向右前方上提，劍柄置左耳側。下刃向上，上刃向下，劍鋒向前方。左手抱右腕，以助其力。面向後方，目平視。（圖 4-73）

【應用說明】

敵人用槍刺我胸部，我用劍上提，撥開敵槍，以待其變。

圖 4-73　雲麾三舞六

圖 4-74 雲麾三舞七

雲麾三舞七

【姿勢說明】

右足向左後方進半步，膝向左後方弓出。左腿蹬直。全體重心，均在右足。同時右手持劍，由右前方上提，然後向左後方下劈。下刃向右前下方，上刃向左後上方，劍鋒向左後下方。左手抱右腕，以助其力。面向左後方，目注劍鋒。（圖4-74）

【應用說明】

敵人向後抽槍，我順其抽力，乘勢進步，用劍直劈敵人之頭。

圖 4-75 雲麾三舞八

雲麾三舞八

【姿勢說明】

左足向左前方進一步，膝向左前方弓出。右腿蹬直。全體重心，均在左足。同時右手持劍，由左後方向右前方上提，然後向左前方下劈。下刃向右後下方，上刃向左前上方，劍鋒向左前下方。左手抱右腕，以助其力。面向左前方，目注劍鋒。（圖 4-75）

【應用說明】

敵人用槍自身旁來刺，我以劍順勢掛開，乘勢進步，用劍直劈敵人之頭。

雲麾三舞九

【姿勢說明】

左足向右後方撤回半步，足尖點地，足跟翹起，膝微屈。右足不動，而腿下坐。全體重心，均在右足。同時右手持劍，反手向右後方上提，劍柄置右耳側。下刃向上，上刃向下，劍鋒向後方。左手抱右腕，以助其力。面向前方，目平視。（圖 4-76）

圖 4-76　雲麾三舞九

【應用說明】

敵人用槍向我胸部刺來，我用劍上提，撥開敵槍，以待其變。

撥雲見日一

【姿勢說明】

左足向左後方進一步，右足再向左後方背一步，雙腿下蹲。全體重心，均在左足。同時右手持劍，交於左手，由右後方向右前方下劈，然後反手向左後方撩出。下刃向右前上方，上刃向左後下方，劍鋒向左後上方。右手劍訣按左腕以助其力。面向左後方，目注劍鋒。（圖 4-77）

圖 4-77　撥雲見日一

【應用說明】

敵人用槍刺我頭部，我以劍反臂撥開，乘勢進步，用劍撩取敵人之喉。

圖 4-78　撥雲見日二

圖 4-79　妙手摘星

撥雲見日二

【姿勢說明】

左足向左後方進一步，膝向左後方弓出。右腿蹬直。全體重心，均在左足。同時左手持劍，由左後方向右前方掛回，然後仍反手向左後上方撩出。下刃向右前上方，上刃向左後下方，劍鋒向左後上方。右手劍訣按左腕以助之。面向左後方，目注劍鋒。（圖 4-78）

【應用說明】

敵人向後抽槍，我順其抽力，掛開敵槍，乘勢進步，用劍撩取敵人之頭。

妙手摘星

【姿勢說明】

身體由左後方向左方微移，左右足均不動。全體重心，均在左足。同時左手持劍，由左後方向左方作一小圈，然後收回。下刃向前方，上刃向後方，劍鋒向左後上方。右手劍訣按左腕以助其勢。面向左後方，目注劍鋒。（圖 4-79）

【應用說明】

敵人抽槍來刺我面，我順其力，用劍揮開敵槍，以觀其變。

迎風撣塵一

【姿勢說明】

左足向右方撤回半步，足尖點地，足跟翹起，膝微屈。右足不動，而腿下坐。全體重心，均在右足。

同時左手持劍，由左後方立劍向胸前抱回。下刃向右方，上刃向左方，劍鋒向上。右手抱劍柄以助之。面向前方，目平視。（圖 4-80）

圖 4-80　迎風撣塵一

【應用說明】

敵人用槍向胸部來刺，我轉身以避之，乘勢用劍掛開敵槍，以待其變。

迎風撣塵二

【姿勢說明】

左足向左方邁半步，以右足跟為軸，身體由前方轉向後方。雙膝微屈。全體重心，均在左足。同時左手持劍，由前方立劍向後方隨身旋轉平格。下刃向左方，上刃向右方，劍鋒向上方。右手抱劍柄以助之。面向後方，目平視。（圖 4-81）

圖 4-81　迎風撣塵二

【應用說明】

敵人用槍自身旁來刺，我轉身以避之，乘勢用劍掛開敵槍，以待其變。

迎風撣塵三

【姿勢說明】

右足向左方進一步，膝向左方弓出。左腿蹬直。全體重心，均在右足。同時左手持劍，仍交右手，然後向左方平刺。下刃向上，上刃向下，劍鋒向左方。左手抱劍柄以助之。面向左方，目注劍鋒。（圖 4-82）

【應用說明】

敵人向後抽槍，我順其抽力，乘勢進步，用劍直刺敵人之喉。

圖 4-82　迎風撣塵三

迎風撣塵四

【姿勢說明】

右足向右方撤回半步，足尖點地，足跟翹起，膝微屈。左足不動，而腿下坐。全體重心，均在左足。同時右手持劍，由左方立劍向胸前抱回。下刃向右方，上刃向左方，劍鋒向上。左手抱劍柄以助之。面向後方，目平視。（圖 4-83）

【應用說明】

敵人用槍刺來，我用劍橫格敵槍，以待其變。

圖 4-83　迎風撣塵四

迎風撣塵五

【姿勢說明】

右足向左方邁半步，以左

足跟為軸，身體由後方轉向前方。雙膝微屈。全體重心，均在右足。同時右手持劍，由後方立劍向前方隨身旋轉平格。下刃向左方，上刃向右方，劍鋒向上。左手抱劍柄以助之。面向前方，目平視。（圖 4-84）

【應用說明】

敵人自身旁用槍來刺，我轉身以避之，乘勢用劍掛開敵槍，以待其變。

圖 4-84　迎風撣塵五

迎風撣塵六

【姿勢說明】

左足向左方進一步，膝向左方弓出。右腿蹬直。全體重心，均在左足。同時右手持劍，反手向左方平刺。下刃向上，上刃向下，劍鋒向左方。左手抱劍柄以助之。面向左方，目注劍鋒。（圖 4-85）

圖 4-85　迎風撣塵六

【應用說明】

敵人向後抽槍，我順其抽力，乘勢進步，用劍直刺敵人之喉。

猛虎跳澗

【姿勢說明】

身體由左方轉向右方，然後左右足互易其地，作一跳步。

右腿屈膝下坐，左腿伸直。全體重心，均在右足。同時右手持劍，由左方上提，向右方下劈。劍與地面成平行線。下刃向下，上刃向上，劍鋒向右方。左手抱劍柄以助之。面向右方，目平視。（圖 4-86）

【應用說明】

敵人自身後用槍刺我下部，我跳步以避之，乘勢用劍下劈敵人之頭。

圖 4-86　猛虎跳澗

燕子銜泥

【姿勢說明】

身體向前移動，左膝向右方弓出。右腿蹬直。全體重心，均在左足。同時右手持劍，向右方崩出。下刃向左下方，上刃向右上方，劍鋒向右下方。左手抱劍柄以助之。面向右方，目注劍鋒。（圖 4-87）

圖 4-87　燕子銜泥

【應用說明】

敵人向後抽槍，我順其抽力，乘勢用劍直崩敵人之膝。

卻步反截

【姿勢說明】

左足向左後方撤回半步，右腿下坐。全體重心，均在右足。同時右手持劍，由右下方向左上方撤回。然後反手向右下

方撩出。下刃向右上方，上刃向左下方，劍鋒向右下方。左手抱劍柄以助之。面向右方，目平視。（圖 4-88）

【應用說明】

敵人用槍來刺我膝，我將足斜撤以洩其力，乘勢用劍反截敵槍，以待其變。

左右臥魚一

【姿勢說明】

右足向右後方進一步，屈膝而腿下蹲。左足再向右後方透一步，而腿伸直。全體重心，均在右足。同時右手持劍，由右下方向左方上提，然後向右後方下劈。下刃向下，上刃向上，劍鋒向右後下方。左手劍訣橫置頂上，以稱其力。面向右後方，目注劍鋒。（圖 4-89）

圖 4-88　卻步反截

【應用說明】

敵人用槍刺我腿部，我用劍掛開，乘勢進步。敵復向後抽槍，我即順其抽力，以足踢開敵槍，用劍直劈敵人之頭。

圖 4-89　左右臥魚一

圖 4-90　左右臥魚二

圖 4-91　分手雲麾一

左右臥魚二

【姿勢說明】

左足落地為軸，身體由左方轉向後方，然後左腿屈膝下坐。右足再向右後方透一步，而腿伸直。全體重心，均在左足。同時右手持劍，由右後方向左方上提，然後向右後方下劈。下刃向下，上刃向上，劍鋒向右後下方。左手劍訣按右腕以助其勢。面向右後方，目注劍鋒。（圖 4-90）

【應用說明】

敵人向後抽槍，我順其抽力，乘勢以足踢開敵槍，用劍直劈敵人之頭。

分手雲麾一

【姿勢說明】

右足向右後方落下，膝向右後方弓出。左腿蹬直。全體重心，均在右足。同時右手持劍，由右後方向左前方平掃，然後再向右後方橫掃。下刃向左後方，上刃向右前方，劍鋒向右後下方。左手抱右腕以助之。面向右後方，目注劍鋒。（圖 4-91）

【應用說明】

敵人自身後用槍來刺，我轉身以避之，乘勢用劍橫掃敵人下部。

分手雲麾二

【姿勢說明】

右足向左前方撤回半步，足尖點地，足跟翹起，膝微屈。左足不動，而腿下坐。全體重心，均在左足。同時右手持劍，由右後下方反手向胸前抱回。下刃向上，上刃向下，劍鋒向右方。左手劍訣按右腕以助之。面向右方，目平視。（圖 4-92）

圖 4-92　分手雲麾二

【應用說明】

敵人用槍刺我胸部，我用劍反手掛開，以待其變。

分手雲麾三

【姿勢說明】

右足向右後方進半步，膝向右後方弓出。左腿蹬直。全體重心，均在右足。同時右手持劍，向右後下方平掃。下刃向左後方，上刃向右前方，劍鋒向右後下方。左手抱右腕以助之。面向右後方，目注劍鋒。（圖 4-93）

圖 4-93　分手雲麾三

【應用說明】

敵人用槍刺我腿部，我以劍掃開敵槍，乘勢進步，用劍直取敵之下部。

分手雲麾四

【姿勢說明】

身體向右方微移，右膝向右方弓出。左腿蹬直。全體重心，均在右足。同時右手將劍交於左手。左手持劍，由右後下方，向右前下方上提，再向右後上方劈之，然後反手向右前上方斜掛。下刃向左前上方，上刃向右後下方，劍鋒向右後上方。右手劍訣向右後上方伸出，以稱其力。面向右方，目平視。（圖 4-94）

【應用說明】

敵人用槍刺我下部，我用劍外掛，敵抽槍又向我胸部刺來，我復用劍外格，以待其變。

黃龍轉身

【姿勢說明】

右足向左方進一步，左足再向左方進一步。身體隨步由右向前、向左、向後、向右、向前、向左旋轉一周半。然後左膝向左弓出，右腿蹬直。全體重心，均在左足。同時左手持劍，隨身旋轉，至第二次面向左方時，將劍向左後上方反手斜格。下刃向右後上方，上刃向左前下方，劍鋒向左前上方。右手劍訣向左前上方伸出，以稱其力。面向左方，目平視。（圖 4-95）

圖 4-94 分手雲麾四

圖 4-95 黃龍轉身

【應用說明】

敵人自身後用槍刺我腿部，我轉身以劍掛開。敵抽槍來刺我胸，我復用劍外格，以待其變。

撥草尋蛇一

【姿勢說明】

左足向右前方撤回半步，足尖點地，足跟翹起，膝微屈。右足不動，而腿下坐。全體重心，均在右足。同時左手持劍，由左後上方，向左前下方平劍橫撥。下刃向前，上刃向後，劍鋒向左下方。右手抱劍柄以助之。面向左方，目注劍鋒。（圖4-96）

【應用說明】

敵人用槍刺我下部，我用劍橫撥，以待其變。

圖4-96　撥草尋蛇一

撥草尋蛇二

【姿勢說明】

左足向左後方微移，足尖點地，足跟翹起，膝微屈。右足不動，而腿下坐。全體重心，均在右足。同時左手持劍，向左後下方平劍橫撥。下刃向後，上刃向前，劍鋒向左下方。右手抱劍柄以助之。面向左方，目注劍鋒。（圖4-97）

圖4-97　撥草尋蛇二

【應用說明】

敵人抽槍刺我下部，我用劍橫撥，以待其變。

撥草尋蛇三

【姿勢說明】

右足向左方進半步，足尖點地，足跟翹起，膝微屈。左足不動，而腿下坐。全體重心，均在左足。同時左手將劍交與右手。右手持劍，向左下方直刺。下刃向右下方，上刃向左上方，劍鋒向左下方。左手抱劍柄以助之。面向左方，目注劍鋒。（圖4-98）

【應用說明】

敵人向後抽槍，我順其抽力，乘勢進步，用劍直刺敵之下部。

圖 4-98　撥草尋蛇三

撥草尋蛇四

【姿勢說明】

右足向左後方微移，足尖點地，足跟翹起，膝微屈。左足不動，而腿下坐。全體重心，均在左足。同時右手持劍，由左方向左後下方平劍橫撥。下刃向後方，上刃向前方，劍鋒向左

下方。左手抱劍柄以助之。面向左方，目注劍鋒。（圖 4-99）

【應用說明】

敵人用槍刺我下部，我移步以避之，乘勢用劍橫撥敵槍，以待其變。

撥草尋蛇五

【姿勢說明】

右足向左前方微移，足尖點地，足跟翹起，膝微屈。左足不動，而腿下坐。全體重心，均在左足。

同時右手持劍，向左前下方平劍橫撥。下刃向前方，上刃向後方，劍鋒向左下方。左手抱劍柄以助之。面向左方，目注劍鋒。（圖 4-100）

【應用說明】

敵人用槍刺我腿部，我將步稍移以避之，乘勢用劍撥開敵槍，以待其變。

撥草尋蛇六

【姿勢說明】

左足向左方進半步，足尖點地，足跟翹起，膝微屈。右足不動，而腿下坐。全體重心，均在右足。同時右手持劍，向左下方直刺。下刃向右下方，上刃向左上方，劍鋒向左下方。左

圖 4-99　撥草尋蛇四

圖 4-100　撥草尋蛇五

手抱劍柄以助之。面向左方，目注劍鋒。（圖 4-101）

【應用說明】

敵人向後抽槍，我順其抽力，乘勢進步，用劍直刺敵之下部。

金龍攪尾一

【姿勢說明】

左足向右方退少半步，足尖點地，足跟翹起，膝微屈。右足不動，而腿下坐。全體重心，均在右足。同時右手持劍，由左下方反手向右後下方掛回。下刃向左下方，上刃向右上方，劍鋒向右下方。左手劍訣按右腕以助之。面向左方，目平視。（圖 4-102）

【應用說明】

敵人用槍刺我下部，我退步以避之，乘勢用劍掛開敵槍，以待其變。

圖 4-101　撥草尋蛇六

圖 4-102　金龍攪尾一

金龍攪尾二

【姿勢說明】

左足向右方退一步，弓膝而腿下坐。右足再向右方退半步，足尖點地，足跟翹起，膝微屈。全體重心，均在左足。同時右手持劍，反手由右下方上提，向左方下劈，而後再向右前

下方掛出。下刃向左下方，上刃向右上方，劍鋒向右下方。左手劍訣按右腕以助之。面向左方，目平視。（圖4-103）

【應用說明】

敵人抽槍刺我腿部，我向後退步，以洩其力，乘勢用劍掛開敵槍，以待其變。

白蛇吐信一

【姿勢說明】

右足向左方進半步，膝向左方弓出。左腿蹬直。全體重心，均在右足。同時右手持劍，由右下方上提，而後向左下方直刺。下刃向右下方，上刃向左上方，劍鋒向左下方。左手抱劍柄以助之。面向左方，目注劍鋒。（圖4-104）

圖4-103　金龍攪尾二

圖4-104　白蛇吐信一

【應用說明】

敵人向後抽槍，我順其抽力，乘勢進步，用劍直刺敵之下部。

白蛇吐信二

【姿勢說明】

左足向左方進一步，膝向左方弓出。右腿蹬直。全體重心，均在左足。同時右手持劍，由左下方提起，向左方平刺。

下刃向下，上刃向上，劍鋒向左方。左手抱劍柄以助之。面向左方，目注劍鋒。（圖 4-105）

【應用說明】

敵人用槍刺我胸部，我以劍上提，撥開敵槍，乘勢進步，用劍直刺敵人之胸。

白蛇吐信三

【姿勢說明】

右足向左方進一步，膝向左方弓出。左腿蹬直。全體重心，均在右足。同時右手持劍，由左方抱回，然後向左上方直刺。下刃向左下方，上刃向右上方，劍鋒向左上方。左手抱劍柄以助之。面向左方，目注劍鋒。（圖 4-106）

【應用說明】

敵人用槍刺我頭部，我回劍掛開敵槍，乘勢進步，用劍直刺敵人之頭。

圖 4-105　白蛇吐信二

圖 4-106　白蛇吐信三

大鵬展翅

【姿勢說明】

右足向右方退一步，左膝向左弓出。右腿蹬直。全體重心，均在左足。同時右手持劍，由左上方反手向右前下方撩出。下刃向右後上方，上刃向左前下方，劍鋒向右前下方。左手劍

訣向左後上方伸出，以稱其力。面向右前方，目注劍鋒。（圖 4-107）

【應用說明】

敵人自身後用槍刺我腿部，我退步以避之，乘勢用劍撩開敵槍，以待敵變。

圖 4-107　大鵬展翅

勒馬觀潮

【姿勢說明】

左足向右方進一步，右足再向右方進一步，膝向右方弓出。左腿蹬直。全體重心，均在右足。身體亦隨步由前向右、向後、向左、向前旋轉一周。同時右手持劍，提至頂上，籠罩全身，隨身旋轉。然後向左前方下劈，再向右後上方反提。下刃向右前上方，上刃向左後

圖 4-108　勒馬觀潮

下方,劍鋒向左前下方。左手劍訣向前方伸出,以稱其勢。面向前方,目平視。(圖 4-108)

【應用說明】

敵人向後抽槍,我順其抽力,乘勢進步,用劍提撩敵人之胸。

抱月式

【姿勢說明】

右足向左前方進半步,足尖點地,足跟翹起,膝微屈。左足不動,而腿下坐。全體重心,均在左足。同時右手持劍,由右後上方,反手平劍向懷中抱回。劍鐔置於胸腹之間。下刃向左方,上刃向右方,劍鋒向前方。左手抱劍柄以助其力。面向前方,目平視。(圖 4-109)

【應用說明】

敵人自身旁用槍刺我胸部,我將身移動以避之,乘勢用劍平搋敵槍,以待其變。

圖 4-109 抱月式

單鞭式

【姿勢說明】

右足向右後方進一步,膝向右後方弓出。左腿蹬直。全體重心,均在右足。同時右手持劍,向右後方平刺,下刃向右前方,上刃向左後方,劍鋒向右後上方。左手劍訣向左前方伸出,以稱其勢。面向右後方,目注劍鋒。(圖 4-110)

【應用說明】

敵人用槍自身旁來刺,我用劍順其槍桿直進,以取敵人之頭。

圖 4-110　單鞭式

烏龍擺尾

【姿勢說明】

身體向左前方微移,然後還原。右膝仍向右後方弓出。左腿蹬直。全體重心,仍在右足。同時右手持劍,由右後方上提,向左

圖 4-111　烏龍擺尾

前方下劈，而後反手仍向右後上方撩出，下刃向左後上方，上刃向右前下方，劍鋒向右後上方。左手劍訣按右腕以助之。面向右後方，目注劍鋒。（圖 4-111）

【應用說明】

敵人向後抽槍，我順其抽力，乘勢用劍反格敵之前手。

鷂子串林一

【姿勢說明】

右足向左前方撤回半步，足尖點地，足跟翹起，膝微屈。左足不動，而腿下坐。全體重心，均在左足。同時右手持劍，由右後方反手向左方掛回。下刃向上，上刃向下，劍鋒向右方。左手劍訣按右腕以助之。面向右方，目平視。（圖 4-112）

圖 4-112　鷂子串林一

【應用說明】

敵人用槍刺我胸部，我將步後撤，以洩其力，乘勢用劍掛開敵槍，以待其變。

鷂子串林二

【姿勢說明】

右足向右方進半步，左足亦向右方跟半步，足尖點地，足跟翹起，膝微屈。右腿下坐。全體重心，均在右足。同時右手持劍，隨身向右方平刺，下刃向上，上刃向下，劍鋒向右方。左手劍訣按右腕以助之。面向右方，目平

圖 4-113　鷂子串林二

視。（圖 4-113）

【應用說明】

敵人向後抽槍，我順其抽力，乘勢進步，用劍直刺敵人之喉。

鷂子串林三

【姿勢說明】

左足向左方撤回半步，右足再向左方撤回半步，足尖點地，足跟翹起，膝微屈。左腿下坐。全體重心，均在左足。同時右手持劍，隨身向左前方掛回，下刃向上，上刃向下，劍鋒向右方。左手劍訣按右腕以助之。面向右方，目平視。（圖 4-114）

【應用說明】

敵人抽槍來刺我胸，我向後撤步，以洩其力，乘勢用劍掛開敵槍，以待其變。

鷂子串林四

【姿勢說明】

右足向左後方退一步，弓膝而腿下坐。左足再向左後方退半步，足尖點地，足跟翹起，膝微屈。全體重心，均在右足。同時右手持劍，由右方反手向左後方外掛，下刃向上，上刃向下，劍鋒向右方。左手劍訣按右腕以助之。面向右方，目平視。（圖 4-115）

圖 4-114　鷂子串林三

圖 4-115　鷂子串林四

【應用說明】

敵人用槍刺我胸部，我退步以洩其力，乘勢用劍掛開敵槍，以待其變。

鷂子串林五

【姿勢說明】

左足向右方進半步，右足再向右方跟半步，足尖點地，足跟翹起，膝微屈。左腿下坐。全體重心，均在左足。同時右手持劍，隨身向右方平刺，下刃向上，上刃向下，劍鋒向右方。左手劍訣按右腕以助之。面向右方，目平視。（圖 4-116）

【應用說明】

敵人向後抽槍，我順其抽力，乘勢進步，用劍直刺敵人之喉。

鷂子串林六

【姿勢說明】

右足向左方撤半步，左足亦向左方撤半步，足尖點地，足跟翹起，膝微屈。右腿下坐。全體重心，均在右足。同時右手持劍，由右方隨身向左方掛回，下刃向上，上刃向下，劍鋒向右方。左手劍訣按右腕以助之。面向右方，目平視。（圖 4-117）

【應用說明】

敵人用槍刺我胸部，我退步以洩其力，乘勢用劍掛開敵槍，

圖 4-116　鷂子串林五

圖 4-117　鷂子串林六

以待其變。

鷂子串林七

【姿勢說明】

右足向右方進一步,左足再向右方跟一步,足尖點地,足跟翹起,膝微屈。右腿下坐。全體重心,均在右足。同時右手持劍,隨身向右方平刺,下刃向上,上刃向下,劍鋒向右方。左手劍訣按右腕以助之。面向右方,目平視。(圖 4-118)

【應用說明】

敵人向後抽槍,我順其抽力,乘勢進步,用劍直刺敵人之喉。

鷂子串林八

【姿勢說明】

左足向左方撤一步,右足再向左方撤半步,足尖點地,足跟翹起,膝微屈。左腿下坐。全體重心,均在左足。同時右手持劍,隨身向左方掛回,下刃向上,上刃向下,劍鋒向右方。左手劍訣按右腕以助之。面向右方,目平視。(圖 4-119)

【應用說明】

敵人用槍刺我胸部,我向後撤步,以洩其力,乘勢用劍掛開敵槍,以待其變。

圖 4-118　鷂子串林七

圖 4-119　鷂子串林八

大鵬展翅

【姿勢說明】

右足向左方退一步,左足不動,而膝向右弓出。右腿蹬直。全體重心,均在左足。同時右手持劍,由右方下劈,然後反手向左下方撩出,下刃向左前上方,上刃向右後下方,劍鋒向左下方。左手劍訣向右上方伸出,以稱其力。面向左方,目注劍鋒。(圖 4-120)

【應用說明】

敵人用槍自身後來刺,我退步以避之,乘勢用劍撩開敵槍,以待其變。

圖 4-120 大鵬展翅

農夫著鋤

【姿勢說明】

左足向左方撤回半步,足尖點地,足跟翹起,膝微屈。右足不動,而腿下坐。全體重心,均在右足。同時右手持劍,由左下方立劍上提,而後向右下方直刺。下刃向右上方,上刃向左下方,劍鋒向右下方。左手劍訣按右腕以助其力。面向右方,目平視。(圖 4-121)

【應用說明】

敵人用槍刺我腿部,我撤步以避之,乘勢用劍掛開敵槍,以待其變。

圖 4-121 農夫著鋤

迎門劍

【姿勢說明】

左足向右方進半步，右足再向右方進一步，膝向右方弓出。左腿蹬直。全體重心，均在右足。同時右手持劍，由右下方向左前方反掛上提，仍向右方下劈。下刃向左下方，上刃向右上方，劍鋒向右下方。左手劍訣向左方伸出，以稱其力。面向右方，目注劍鋒。（圖 4-122）

圖 4-122　迎門劍

【應用說明】

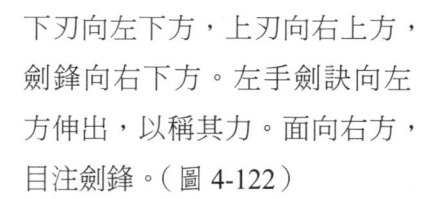

敵人用槍刺我下部，我以劍掛開敵槍，乘勢進步，用劍直劈敵人之頭。

太公釣魚

圖 4-123　太公釣魚

【姿勢說明】

右足向左方撤回半步，足尖點地，足跟翹起，膝微屈。左足不動，而腿下坐。全體重心，均在左足。同時右手持劍，由右下方向左下方掛回，然後反手向右方劈出。下刃向上，上刃向下，劍鋒向右方。左手劍訣按右腕以助之。面向右方，目平視。（圖 4-123）

【應用說明】

敵人用槍刺我下部，我將腿後撤，以洩其力，乘勢用劍掛開敵槍，反劈敵人之頭。

圖 4-124　翻身交劍式

圖 4-125　托樑換柱

圖 4-126　金針指南

翻身交劍式

【姿勢說明】

右足向右方進半步，左足再向右方進一步。身體由右向後轉向左方。右腿屈膝上提。全體重心，均在左足。同時右手持劍，由右方反手下掛，然後向左方上提，將劍柄交還左手。下刃向左上方，上刃向右下方，劍鋒向左下方。右手劍訣按左腕以助其力。面向左方，目平視。（圖 4-124）

托樑換柱

【姿勢說明】

右足甫經落地，而左足提起，作一跳步。全體重心，均在右足。同時左手背劍，劍柄下垂，置左膝側，劍鋒向上。右手劍訣橫置頂上，以稱其力。面向左方，目平視。（圖 4-125）

金針指南

【姿勢說明】

左足向左方邁一步，膝向左方弓出。右腿蹬直。全體重心，均在左足。同時左手背劍，

由左膝蓋之前方，向後方摟出，劍柄置左胯側，劍鋒向上，劍脊緊貼左臂。右手劍訣向左方伸出。面向左方，目平視。（圖 4-126）

收劍式

【姿勢說明】

身體由左方轉向前方，左足向右方並步。全體重心，在兩足間之中點。同時左手背劍，向左方提起，然後向上、向右，在身體之前方，作一圓圈，而後從容下垂，劍柄置左胯側，劍鋒向上。右手劍訣由左而下，向右橫置頂上。面向左方，目平視。（圖 4-127）

圖 4-127　收劍式

合太極

【姿勢說明】

頭由左方轉向前方。身體直立，面向前方，目平視。全體重心，在兩足間之中點。同時左手背劍不動。右手劍訣由頂上從容放下，置右胯側。動靜歸一，復還原始。（圖 4-128）

圖 4-128　合太極

結　論

　　劍法之淵源與理論，姿勢與應用，已如前述。茲將運用之變化，作進一步之研究以告讀者。

　　夫劍法無運用不能因敵致勝，微變化焉能出入神奇？是以初學劍術者，或姿勢不正確，或動作不自然，或應用不純熟，或轉換不伶俐，是皆由於不知運用之變化使然也。

　　蓋用劍之法，紐勁為上，靈捷為先。目宜速，身不可滯；手宜敏，步不可遲。久之，自然動作儒雅，舉止大方，其形勢似飛鳳，其勁力透中鋒。使用腰力，運動全身，故發勁用勢，非僅徒用手指著力而已耳。

　　是故一舉一動，務須活潑伶俐；一開一合，須知動靜虛實。其動也，若龍飛鳳舞；其靜也，似虎步熊行。劍劍有神，無動若風搖之弊；步步實踏，免飄忽懶散之虞。

　　進退轉換，輕靈自在。跳躍縱橫，知機入神。他如凝神定性，意前劍後，心靜氣足，手健足輕，學者尤當注意及之。再能心性合一，體用兼備。無論所用之法，為砍、為撩、為抹、為刺、為抽、為提、為橫、為倒……無不從心所欲。蓋砍、撩、抹、刺、抽、提、橫、倒，此八法者，為今日劍法之規矩也。古者《劍經》有四字訣，曰「擊」，曰「刺」，曰「格」，曰「洗」。今之八法，橫、倒，皆擊也。刺與古法同，提即格也，抽即洗也。更益之以撩、抹、砍，則用劍諸法大備矣！

　　然後，平推平起，搖輓得宜，上下左右，圓活自如，輕捷

便利，風馳電掣。進退起伏，不可有絲毫遲滯之態。翻花巨細，不能顯少許笨重之形。古人所謂劍如鳳舞，意在斯乎！至若用劍八法，倘能各盡其妙，則用劍之能事畢矣。

何況每法之中，又有若干種方法耶？

乃如砍法者，有平砍、立砍、順砍、橫砍、倒砍、斜砍、上砍、下砍、左砍、右砍、進砍、退砍、翻身砍等砍法。

撩法者，有平撩、立撩、順撩、橫撩、倒撩、勾撩、上撩、下撩、左撩、右撩、反撩等撩法。

抹法者，有抹手頸、抹咽喉等抹法。

刺法者，有喉擊刺、胸直刺、小腹刺、夾襠刺等刺法。

抽法者，居中則退，相迫則抽，欲揚必抑，欲抑先揚，抽撤取巧，上下相當，退讓相宜，勻稱相合。

所謂抽也者，以觀敵變也。蓋無抽法，則劍有進而無退，有剛而無柔。其法不活，其勢不靈。故抽撤之法，實劍法中之根宗也。

提法者，有上提、下提、左提、右提、順提、橫提等提法。

橫法者，劍橫揮平環之謂也，縱躍起舞，處處得機，心領意會，神而明之者也。

倒法者，縱跳起舞之謂也。

以上七法，凡有縱跳之處，皆倒也。有高縱、矯縱、回縱、起縱、環縱、順跳等倒法。

學者果能由淺而深，自簡及繁，細心研究，加意練習，久而久之，自能得心應手，意到劍隨，而有成竹於胸矣。

再能以靜制動，以柔克剛，以慢勝快，以巧敵拙，縱使敵能運用千般變化，吾乃守之以一，處之以和，無形無相，應物

自然，大有納敵於混沌初開之玄氣中者然。

當此之時，我欲攻，敵不知其所守；我欲守，敵不知其所攻。微乎！微乎！至於無聲。神乎！神乎！至於無形。故能自保而全勝也。

後之學者，倘能盡心研究，以是書為行遠自邇之一助，或因是書，別有心得，而更有所發明，則著者實有厚望焉！是為論。

太極功

太極拳斂聚神氣論

太極之先，本為無極。鴻濛一氣，渾然不分。故無極為太極之母，即萬物先天之機也。二氣分，天地判，始成太極。二氣為陰陽，陰靜陽動，陰息陽生。天地分清濁，清浮濁沉，清高濁卑。陰陽相交，清濁相媾，氤氳化生，始育萬物。

人之生也，本為一無極。即先天之機是也。迨入後天，始成太極。故萬物莫不有無極，亦莫不有太極也。人之作用，有靜有動。動極必靜，靜極必動。動靜相因而陰陽分，渾然一太極也。人之生機，全恃神氣。氣清上浮，無異於天。神凝內斂，無異於地。神氣相交，亦宛然一太極也。故習太極拳者，須先明太極之妙道，若不明此，徒勞無益也。

太極拳者，其靜如動，其動如靜，動靜循環，生生不已。故內斂其神，外聚其氣。拳即到，而意先到。拳不到，而意已到。意者，神之使也。神氣即交，變化環生。

故習太極拳者，應以養心、定性、聚氣、斂神為主。若心不能安，性即擾之。氣不能聚，神必亂之。心性不接，神氣不交，則全身四肢百體，莫能一氣。雖依勢活動，而難收成功之效也。

欲求安心、定性、斂神、聚氣，則基功之法不可缺，而行功亦不可廢。學者，須於動靜之中，尋太極之至理，於剛柔之中，求生剋之玄機。然後由太極而入無極，心性神氣，相倚相隨，則心安、性定、神斂、氣聚。一身中之太極成，陰陽交，動靜合，全身之四肢百體，周流通暢，不黏不滯，斯可謂得斂聚神氣之法矣。

太極功宗氣論[1]

太極拳在鍛鍊過程中，欲達到高級精湛之目的，必須練太極功，以促進其精進。予曾先後創作著功若干則、勁功若干則、鬆功若干則，透過學者練習，確認其為實收到裨益。

茲將太極拳內景，編著太極拳氣功若干則，以示學者。先由宗氣入手，因作宗氣論。

太極拳所謂「無極而太極」者，不可極而極之之謂也。《易》曰：「寂然不動，感而遂通」，《丹書》云：「身心不動以後，復有無極真機」，言太極之妙本也。是知氣功所尚者，靜定也。蓋人心靜定，未感物時，湛然一理，即太極之妙也。一感於物，遂有偏倚，即太極之變也。苟靜定之時，謹其所存，則一理常明，虛靈不昧，動時自有主宰，一切事物之來，俱可應也。故靜定功夫純熟，則有不期然而然者，自然至此無極真機之境，於是乎太極拳之妙應既明，天地萬物之理悉備於我也。

天地萬物，「非氣不運，非理不宰，理氣相合，而不相離者也」。蓋陰陽者，氣也。「一氣屈伸，而為陰陽動靜，理也。理者，太極也。本然之妙也。所以紀綱造化，根柢人物，流行古今，不言之蘊也。是故在造化，則有消息盈虛；在人身，則有虛實順逆。有消息盈虛，則有範圍之道，有虛實順逆，則有調劑之宜。斯理也，難言也。包犧氏[2]畫之，文王彖之，姬公爻之，尼父贊而翼之，黃帝問而岐伯陳之，越人難而詁釋之，一

---

[1] 本文參考明代醫家孫一奎著《醫旨緒餘》。
[2] 包犧氏，即伏羲氏。

也。但經於四聖則為《易》，立論於岐黃則為《靈》《素》，辨難於越人則為《難經》」，書雖不同，而理則一也。

知理一「則知易以道陰陽，而《素問》，而《靈樞》，而《難經》」，皆本陰陽而闡論也。「《易》理明，則可以範圍天地，曲成民物，通知乎晝夜。《靈》《素》《難經》明，則可以節宣化機，拯理民物，調燮札瘥疵癘而登太和。」故精於太極拳者，必深於《易》而善於醫，精於醫者，必由通於太極拳而收不藥而醫之療效，術業有專攻而理無二致也。其洞徹理氣合一之者，會理之精，立論之確，即通乎太極拳體療之義，比之拘方之學，一隅之見者，則有至簡至易之體療作用，其太極拳之特徵歟？質之身受太極拳之效益者，必以予言為然也。

故太極拳之妙用，在能運用天地大氣皷[1]鞲，人身非此氣皷鞲，則津液不得行，呼吸不得息，血脈不得流通，糟粕不得傳送。《黃帝內經·陰陽應象大論》曰：「天氣通於肺，地氣通於嗌[2]。風氣通於肝，雷氣通於心，穀氣通於脾，雨氣通於腎，六經為川，腸胃為海，九竅為水注之氣。」是以天人一致之理，不外乎陰陽五行。蓋人之氣化而成形者，即陰陽而言之。夫二五之精，妙合而凝，男女未判，而先生此二腎，如豆子果實出土時兩瓣分開，而中間所生之根蒂，內含一點真氣，以為生生不息之機，名曰動氣，又曰原氣。稟於有生之初，從無而有，此原氣者，即太極之本體也。名動氣者，蓋動則生，亦陽之動也。此太極之用所以行也。兩腎靜物也。靜則化，亦陰之靜也。此太極之體所以立也。動靜無間，陽，變陰合，而生五行[3]，其

---

[1] 皷，撬動也。

[2] 嗌，咽喉也。

[3] 五行，一水二火三木四金五土。據《素問·運氣》曰：「水之為言潤也（陰氣濡潤任養萬物）；火之為言化也（陽在上陰在下火毀然盛而化生萬物）；木之為言觸也（陽氣觸動冒地而生）；金之為言禁也（陰氣始禁止萬物而揪斂）；土之為言吐也（含吐萬物將生者出將死者歸為萬物家）。」

命門之謂乎？《素問》曰：「腎藏骨髓之氣。」《難經》曰：「男子以藏精，非此中可盡藏精也。蓋腦者髓之海，腎竅貫脊通腦，故云。」《黃庭經》曰：「腎氣經於上焦，營於中焦，衛於下焦。」《中和集》曰：「闔闢呼吸，即玄牝之門，天地之根，所謂闔闢者，非口鼻呼吸，乃真息也。」《黃庭經》曰：「兩部腎水對生門①。」越人曰：「腎間動氣者，人之生命。」於斯可見，太極拳養腎間之動氣，意義之宏偉也。是故兩腎間之動氣，非水非火，乃造化之樞紐，陰陽之根蒂，即先天之太極。五行由此而生，臟腑以繼而成。非有形質之物，學者宜深思之。

　　《素問·金匱真言論》曰：「北方黑色，入通於腎，開竅於二陰。」《黃庭經》曰：「左腎為壬，右腎為癸。②」《內經·四氣調神大論篇》曰：「腎者主蟄，封藏之本，精之處也。受臟腑之精③而藏之也。」因其皆屬水，且火高水下，水火不相射，以維持臟腑之平衡，則百病不生，此太極拳之燮理陰陽之理，學者不可不察也。

　　動氣或原氣之說，概論之於前，現將宗氣再說明之。宗氣者，為言氣之宗主也。此氣搏於胸中，混混沌沌，人莫見其端倪，此其體也。及其行也，肺得之而為呼，腎得之而為吸，營得之而營於中，衛得之而衛於外，胸中即膻中④。膻中之分，父母居之，氣之海也。三焦為氣之父，故曰宗氣出於上焦。營氣者，為言營連穀氣，入於經隧，達於臟腑，晝夜營周不休，始於肺臟而終於肺臟，以應刻數，故曰營出中焦也。又曰：營是營於中。又曰：營在脈中。世謂營為血者，非也。營氣化而為

---

① 生門，臍也。
② 壬癸皆水也。
③ 精亦水也。
④ 膻中，胸中兩乳間曰膻。《素問》：「膻中者，臣使之官，喜樂出焉。」

血耳。中字非中焦之中,乃經中脈絡中也。

《素問·痹論篇》云:「營者,水穀之精氣,和調於五臟,灑陳於六腑,乃能入於脈也。」衛氣者,為言護衛周身,溫分肉,肥腠理,不使外邪侵犯也。始於膀胱而終於膀胱,故曰衛出下焦也。又曰衛是衛於外,又曰衛在脈外[1]。《素問·痹論篇》曰:「衛氣者,水穀之悍氣,其氣慓疾滑利,不能入於脈也,故循皮膚之中,分肉之間,薰於肓膜,散於胸腹,逆其氣則病,從其氣則癒。」夫人與天地,生生不息者,蓋一氣之流行爾。是氣也,具於身中,名曰宗氣,又曰大氣。經營晝夜,無少間斷。《靈》《素》載之,而後人莫之言也。

後人只知有營衛,而不知營衛無宗氣,曷能獨循於經隧,行呼吸以應息數,而溫分肉哉?此宗氣者,當與營衛並稱,以見三焦上中下皆此氣而為之統宗也。《靈樞經·五味篇》曰:「穀始入於胃,其精微者,先出胃之兩焦(中、下焦也),以溉五臟,別出兩行,營衛之道,其大氣之摶而不行者,積於胸中,命曰氣海。」[2]又《邪客篇》曰:「五穀入於胃也,其糟粕(下焦)、津液(中焦)、宗氣(上焦),分為三隧。故宗氣積於胸中,出於喉嚨,以貫心脈,而行呼吸(此出上焦為一隧也)焉。

營氣者,泌其津液,注之於脈,化以為血,以營四末,內注五臟六腑,以應刻數(此出中焦為一隧也)。衛氣者[3],出其悍氣之慓疾,而先行四末、分肉、皮膚之間而不休者也。晝日行於陽,夜行於陰,常從足少陰之分間,行於五臟六腑(此出下焦為一隧也)。」

---

[1] 此外字亦非純言乎表,蓋言行乎經隧之外也。
[2] 大氣即宗氣,氣海即膻中。
[3] 內有溫養五臟六腑之功能,在外有溫養肌肉、潤澤皮膚、滋養腠理、啟閉汗孔等作用。

《營衛生會篇》云：「黃帝曰：『願聞營衛之所行，皆何道從來？』岐伯曰：『營出於中焦，衛出於下焦。』」《衛氣篇》曰：「其浮氣之不循經者，為衛氣。其精氣之行於經者，為營氣。」明此三氣者，自秦越人而後，唯四明馬玄台《難經正義》考究極工，於宗氣則曰：「自夫飲食入胃，其精微之氣，積於胸中，謂之宗氣。」宗氣會於上焦，即八會之氣會於膻中也。

唯此宗氣，主呼吸而行脈道，於營氣，則曰：「營氣者，乃陰精之氣也，即宗氣之所統。猶太極之分而為陰也。」此氣始於手太陰而復會於手太陰，而行晝行夜，十二經之陰陽皆歷焉。

所謂太陰主內者此也。於衛氣，則曰，衛氣者，陽精之氣也。亦宗氣之所統，猶太極之分而為陽也。」此氣始於足太陽而復會於足太陽，引《靈樞·歲露篇》曰：「衛氣一日一夜常大會於風府。」

風府者，足太陽督脈陽維之會，所謂太陽主外者此也。蓋營氣行陽行陰，主晝夜言；衛氣行陰行陽，主陽經陰經言。營氣之行於晝者，陽經中有陰經；行於夜者，陰經中有陽經。故行陰行陽，主晝夜言之。衛氣則晝必止行於陽（行三陽經也），夜必止行於陰（行三陰經也），是陰陽不指晝夜言也。又謂《靈樞·五十營》等篇：「言氣脈流行，自手太陰而始，至足厥陰而終，循環不已。」凡此非精究經旨，融會脈絡，苦心積累不能也。學者須深體會之，方可明其究竟也。

至於太極拳太極功中之氣功，端賴呼吸以行之，若不明呼吸之所以然，則運用行功之時，無所適從，故深論之。呼吸者，即先天太極之動靜，人一身之原氣也[①]。有生之初，即有此氣，

---

① 即兩腎間動氣。

默運於中，流動不息，然後臟腑行所司而行焉！《難經》曰：「腎間動氣者，五臟六腑之本，十二經脈之根，呼吸之門，《經》謂肺出氣，出此也；腎納氣，納此也。謂呼在肺而吸在腎者，蓋肺高腎下，猶天地。」故滑伯仁曰：「肺主呼吸，天道也（此呼吸乃口鼻之呼吸，指穀氣而言也）。腎司闔闢，地道也此闔闢乃真息（指原氣而言也）。」《靈樞》曰：「五穀入於胃也，其糟粕、津液分為三隧，故宗氣積於胸中，出於喉嚨，以貫心脈，而行呼吸（行，猶承行）。」此指後天穀氣而言，謂呼吸資宗氣以行，非謂呼吸屬宗氣也。

何者？人一離母腹時，便有此呼吸，不待於穀氣而後有也。雖然，原氣使無宗氣積而養之，則日餒而瘁，呼吸何賴以行？故平人絕穀七日而死者，以水穀俱盡，臟腑無所充養受氣也。然必待七日乃死，未若呼吸絕而死之速也。以是呼吸者，根於原氣，不可須臾離也。

宗氣如《難經》「一難」之義，原氣如《難經》「八難」之義，原氣言體，穀氣言用也。滑伯仁曰：「三焦始於原氣，用於中脘，散於膻中，上焦主內而不出，下焦主出而不內，其內其出皆係中焦之腐熟，用於中焦之為義，其可見矣。」

由是可知，宗氣者，先天真一之氣，流行百脈，貫穿臟腑，所謂氣為血帥，血隨氣行者，即此氣也。太極拳之氣功之所以能氣分陰陽，機先動靜者，端賴宗氣之鍛鍊，故宗氣既明，內景洞澈，人體一氣流行，順而行之，則百病不生，延年益壽不期然而然，故宗氣尚焉。

再就呼吸言之，不論其為胸呼吸、腹呼吸、外呼吸、內呼吸、正呼吸、反呼吸以及皮膚呼吸等，欲其流暢不滯，捨宗氣之充足，無以完成其任務，故宗氣之為用亦大矣哉！學者可不

加之意乎？

太極拳之氣功以宗氣為主，氣能隨我所運，漸而達到聽我使用之效，故能運能使，方為太極功氣功之目的，否則氣功何需鍛鍊哉？當太極拳初練氣功時，並無任何感覺，只覺練習後，身體略感輕快耳。練至相當之時日，則腹內腸胃略有腸鳴，漸至有如龍吟虎嘯之勢，此時堅持鍛鍊，持之以恆，則陰陽分，順逆勻，盈虛消長漸能掌握，所謂氣分陰陽者此也。

然後培其元氣，守其中氣，保其正氣，護其腎氣，養其肝氣，調其肺氣，理其脾氣，閉其邪惡不正之氣，勿傷於氣，勿逆於氣，勿憂思悲怒以頹其氣。升其清氣，降其濁氣，使氣清而平，平而和，和而暢達，能行於筋，串於膜，以至通身靈動，無處不行，無處不到。氣至則膜起，氣行則膜張，能起能張，則膜與筋齊堅固矣。然後自然氣由內臟到分肉，由分肉到腠理，由腠理到皮膚，由皮膚到毛孔，所謂太極拳之氣能全體發之於毛者即指此也。然後再能延長出來，使這種氣達到（推手時）對方之身體，而且使這種氣跟對方之氣結合到一起，來指揮對方之呼吸，這就是我們所說的太極拳的氣功。

如能加意陶冶，融會貫通，則能內實臟腑，外堅腠理，精滿、氣充、神全。氣周流於人體之內外，內維臟腑之平衡，外防六氣之侵襲，故習練太極拳能增強體質，推遲衰老，永葆青春，健康長壽。學者果能細心研究之，又能持之以恆，則獲益之處，豈淺鮮哉，是為論。

甲子冬，百歲老人，吳圖南著於首都。

太極拳用架序稿

　　昔聞少侯先生言：「其祖父露蟬先生曾云：『太極拳有體用之分，有大方舒展、玲瓏緊湊之別，無論盤拳、打手（即推手）、應用散手等，均以此區分造詣之深淺。雖引人體稟賦之不同，智慧高低之不同，練拳久暫之不同，功夫純雜之不同，教者均用不同之方法，因材施教。雖學習時間有先後，因體會領悟深淺故所得不一。若為鍛鍊身體、卻老延年、達到養生長壽之目的，教以練架（即一般流行架）；非有相當體質，方可教以用架。』」亦時，予已從鑑泉先生學太極拳練架有年，自詡造詣頗深，當時雖聽之，不以為然，其後少侯先生慨然以用架相教，開始練習，頓悟不同於前所學者也。

　　其學首重輕靈神速、活潑玲瓏、穩脆鼓盪、恰巧準確、抑揚頓挫、進退抽添、牽動往來、剛柔相濟、開合折疊、提放並用、離黏凌空、應物自然、變化萬端、起止難測。回憶向之以輕靈自詡者，實則笨重遲滯不堪耳，良可嘆也。始解少侯先生之所以魁俊當時，為太極拳之權威者，不有用架為基礎，何可臻此？雖然，若無以往從學鑑泉先生，且有八載純功，又焉能接受而有此體會哉！因初步自擬十字訣（準、是、穩、脆、真、恰、巧、變、改、整）以佐記憶，雖不能說明用架全豹，亦當時一小體會耳。

　　練習既久，漸覺動作短小、輕快異常、舉止靈敏、趣味環生、易學難工，真有望洋興嘆之慨。每學一勢，首先探索每勢

命名之原意與套路中重複出現次數之多少。次及於每勢動作變化之形勢，手足身法之特點，內外之聯繫，用著、用勁相互轉化之原理，漸得其規律。

因悟其縱橫曲直、反覆相生，雖多變化，要在看得玲瓏活潑、無所拘泥、無所不可，則無所不通耳，實由於著法精熟、勁路已明、運氣隨心、凌空漸通所至也。

運勁發勁之理，剛柔動靜變化之機，若能全面，則全身無一處不靈活、無一處不堅韌、無一處不沉固、無一處不順遂，通體貫串，絲毫無間，自然心悟意靜、變化環生。故著者，研究方法者也；勁者，研究變化者也。方法有時而窮盡，變化如環之無端。故用架之用勁之法，多發揮較練架之奇；斤斤一技之得，於著法之切磋者，真有高下之別也。

然後細心體會、切意探討、凌空抖擻、哼哈呼吸、鈎掛抖彈、點擊推按、分擺踢蹬、踏踩銷勾、進退擬合、截絡拿脈、抓筋閉穴、盪氣封喉、啄劈碰搓、吸引拿放，對於推手八法、步法五方，尤須精湛。反骨關節鍛鍊正當，發勁輕脆，豁然有聲，此其外形也。

至於接手鏑勁，虛實離空並用。內以氣先勁後，相互吸引，意與神合，所謂神滿氣足，遂心所欲。全體氣力發之於毛，斯為上乘。所謂不用顧盼擬合，信手而應，縱橫前後，悉逢肯綮，用架之功完成大半矣。

氣猶水也，拳猶浮物也，水大而氣之浮者，大小畢浮，氣之於拳猶是也。氣盛，則拳之長短與姿勢高下者皆宜。韓退之云：「無望其速成，無誘於勢利，養其根而俟其實，加其膏而希其光，根之茂者其實遂，膏之沃者其光曄。」此之謂也。雖然，不可以不養。「氣」，體之充也，內養吾浩然之氣（所謂浩然者，

盛大流行之貌）。氣之謂體之充者，本自浩然，失養故餒，為善養者，以復其初也。久之，志一意靜，心不妄動，其為氣也，至大至剛充塞乎人體之間。

夫所謂內以善養者，蓋內氣能否善養，則操之於我。立志堅定，則氣不妄動，心神合一，則達到精氣充而神靜。所謂至大者，初無限量，至剛者，不可屈撓。本人身之正氣，人得之以生者，能善養之，則體健身輕，益壽延年，能達到長壽之目的。外以直養而無害者，蓋因外氣易動，動則牽動內氣，實由外來之刺激，有以至之，非因於我也，故以直養為宜耳。

所謂外氣以直養者，是本體不虧，而充塞無間矣。直養非有相當之修養，殊難奏效。內外本來相交培養，方可有濟，然後由於精氣之充，發為作用──神全──立志──恆──靜──氣──拳。其發之於拳，自然舉止靈敏、動作迅速、進退擬合、無往不利、捨己從人、應物自然、全身透空、因敵變化。實因內具百折不回之毅力，萬夫不當之勇氣，表裡相固，其神全也。故太極拳用架之為用，全搏精足氣盛而神全。內增毅力勇氣，外具全神之籠罩，神形合一，勇決不餒，此太極拳用架別乎練架。

且太極拳之用架首重其勢。「勢者」，力之奮發也，作勢是也。平素之練，儼然以應敵，應敵而出，不遠不近、不先不後、適中其節。節者，一定之度數也，而以中節為貴，是有勢存焉。長則謂勢險，短則謂節短，方殊而強則一。然猛獸將勢必伏形，鷙鳥將擊必斂翼，將用其勢也。正所謂孫子「短險之勢」矣。其言曰：「激水之疾，至於漂石者，勢也；鷙鳥之疾，至於毀折者，節也。故善戰者，其勢險，其節短。」善險者，峻氣之意；短者，促迫之候。險則氣盛，而其發也暴；短則力全，而其應

也速。故虎之勢物，一蹴而至，鷙之擊物，一擲而下。

就拳鬥者觀之，退及而迫之者，凡手拳必重，是以勢險節短之理也。又曰勢如擴弩（弩滿張），節如發機，弩張之滿則矢勁，牙發之審則矢親。兵勢以短，言險主於力，故如弩張。兵節之短，言短主於中，故發牙也。此明險短二字之意。蓋養氣蓄力謂之險，敵近而擊謂之短。險者，敵不能擋；短者，敵不能避。尚使敵兵未至，猶在百步之外，兵奔趨以赴之，不■氣遺①，微不能穿魯縞。

太極拳用架，以勢破竹，善能致人。近而使之遠，遠而使之近，引之使來，就吾之勢節也。太極拳用架，其妙在於熟，熟能生巧，熟則心能忘手，圓活不滯。又貴於靜，靜則心不妄動，而能裕如，變幻莫測，神妙無窮。有虛實、有正奇，有進銳、有退速，其勢險、其節短；不動如山，動若雷霆。法欲簡，立欲疏（鬆靜之意），非簡無以解亂之糾，非疏無以騰挪進退。左右（指手足）相倚，則得以舒其氣、展其能，而不至於奔潰，兵法云：「氣盈則戰」「氣奪則避」是也。

太極拳用架，立身中正、不偏不倚，當發即發、不可遲疑。前手居於中線，來得緊、去得硬（冷脆之意），不遮不架是個空，前手護住全身，左右移動，不可失半尺之徑。蓋人身側形，不過七八寸耳，揮出半尺，即不及我身膊也；倘彼手開遠，我力已盡，有何益哉？一藝之精，其難解有如此者。雖然，此不過指太極拳用架之著，而言著者，方法也。

太極拳用架，必須經過此一途徑。求之今日，能將太極拳各勢之應用以及八法五步一一運用純熟者，已不多見。故云：

---

① ■為抄寫時辨認不清的字。結合前文，「不■氣遺」有「不免有氣遺勢盡，強弩之末」之意。

「夫論一勢之得失，談一著之當否，即以為悠然自得者，在練習太極拳用架過程中，品斯下也。」此之謂也。

太極拳用架之目的在於捨「著」練「勁」。勁之研究有二：一在解悟，一在乎練。勁運用純熟，轉換為著。著運用純熟，則不能轉換為勁，原因在於著為外形有定勢，勁為在內無定勢。為研究勁路之變化，經由一定時間體會，自然得出一種規律，亦是研究運動發勁之理、剛柔動靜之機之學也。運用規律應然有餘，因此認為：勁之變化循環無端，再由漸悟之途徑，能達到愈練愈精、捨己從人之目的。至於練勁之方法，因人而異，隨其所好，各有不同。有喜變化者，而練習化勁之方法；有喜發人者，即練習提放之方法。諸如此類，亦在練者之自擇耳。則初學練架時，入手當以慢為主，原因是學太極拳者，必須經過換勁之過程。

換勁者，即將本身之拙力，變而為輕靈活潑之力，姿勢正確，動中求得。然此不過是練習太極拳中之一階段。有以愈慢愈佳、愈無力愈佳，並以為能者，殊失太極拳之原有意義，以訛傳訛，實堪慨嘆！練太極拳用架之後，感覺到練架頗為笨重，實無絲毫輕靈之感，原因是太極拳用架為個中秘，師弟相傳，代不數人。用架以勁為主，凌空至極，進退轉換，迅速異常，求之今日，幾成絕響。著者承少侯先生知遇，慨然相授。雖不敏而有聞，不敢自秘，約而言之。

參考資料

專著
吳圖南．科學化的國術太極拳．上海：商務印書館，1931．
吳圖南．太極拳．上海：商務印書館，1957．
吳圖南．內家拳太極功玄玄刀．上海：商務印書館，1934．
吳圖南．太極劍．上海：商務印書館，1935．
吳圖南．國術概論．上海：商務印書館，1938．
吳圖南．太極拳之研究．馬有青，編著．香港：商務印書館香港分館，1984．
吳圖南．吳圖南太極拳精髓．北京：人民體育出版社，1991．
李紅毅．百歲老人長壽健康紀實．北京：中國醫藥科技出版社，1987．
姚思廉．陳書．北京：中華書局，1972．
脫脫等．宋史．北京：中華書局，1997．
張廷玉．明史．北京：中華書局，1974．
趙爾巽．清史稿．北京：中華書局，1977．
吳圖南．中國傳統武術叢書．北京：中國書店，1984．

錄音與報告
吳圖南．長壽學與太極拳（北京外國語學院報告錄音）．〔1981-6-8〕．

吳圖南・太極拳歷代名家造詣（1~5集講授錄音）・〔1982.5〕・

吳圖南・內臟修補術（講授錄音）・〔1982.6〕・

吳圖南・太極拳講座（北京外國語學院日本漢語暑期進修班講話錄音）・〔1982-8-16〕・

吳圖南・太極拳用架（北京天文館講授錄音）・〔1982〕・

吳圖南・太極拳與體療（北京中醫學院報告錄音）・〔1982-7-19〕・

吳圖南・養生長壽與太極拳（中國民主同盟北京市委員會大會報告錄音）・〔1983〕・

吳圖南・長壽學之研究（北京文史研究館報告）・〔1983〕・

期刊與報紙

新聞電影・文化藝術出版社，1982，6・

中華武術・人民體育出版社，1991（7）・

武林・科學普及出版社廣州分社，1983—1984，（16.23.35）・

祝你健康・江蘇科技出版社，1981，(9)・

科學與氣功・氣功與科學雜誌社，1983，(7)・

體育報・〔1985-11-19，1985-12-16〕・

北京日報・〔1985-7-8〕・